サンセット
Sunset Boulevard
大通り

スクリーンプレイ

ABOUT THIS MOVIE

　ある日の早朝５時、カリフォルニア州ロサンゼルスのサンセット大通りにある大邸宅で殺人事件が発生した。多くの警察関係の車両がかつての大女優が暮らす豪邸に到着すると、プールにスーツ姿の男が浮いていた。背中に２発、腹部に１発の銃弾を撃ち込まれていたのは、売れない貧乏なＢ級映画の脚本家であった。この男はプール付きの屋敷に住むのが夢だったのだが、このような場所で人生に終止符を打つことになろうとは本人も夢にも思っていなかっただろう。そもそもこの事件の発端は今から半年ほど前にさかのぼる…というのがこの映画の始まりの場面である。この映画はジョー・ギリスという人物の語りで、殺された男が不運な事件に巻き込まれていった経緯について説明がなされている。このナレーションの人物は誰なのか最初はわかり難いが、実はプールで射殺された哀

れな男自身であった。自分が予期せぬ出来事に遭遇し、挙げ句の果てには殺害されるまでのことを自分自身で語っているのである。

『サンセット大通り』(*Sunset Boulevard*)は、この映画の中にも出てくるパラマウント・スタジオで撮影された1950年制作の米国作品で、ビリー・ワイルダー(Billy Wilder, 1906 - 2002)が監督した。B級映画の脚本家である主人公のジョー・ギリス役は、ウィリアム・ホールデン(William Holden, 1918 - 81)。1950年代を代表する米国イリノイ州出身の映画スターである。彼のデビュー作は『ゴールデン・ボーイ』(*Golden Boy*, 1939)で、本作品でアカデミー賞主演男優賞にノミネートされ、ビリー・ワイルダーと再び組んだ『第十七捕虜収容所』(*Stalag 17*, 1953)でついにアカデミー賞主演男優賞を受賞した。『戦場にかける橋』(*The Bridge on the River Kwai*, 1957)ではシアーズ中佐として、斉藤大佐を演じる早川雪洲(1889 - 1973)と共演している。ほかには『慕情』(*Love Is a Many Splendored-Thing*, 1955)、『騎兵隊』(*The Horse Soldiers*, 1959)などの多くの世界映画史を代表する名作やヒット作品に出演し、大活躍した。

サンセット大通りに住むかつての大女優、ノーマ・デズモンド役を演じたのが、グロリア・スワンソン(Gloria Swanson, 1899 - 1983)である。最初彼女は映画のエキストラやコメディに出演していたが、後にセシル・B・デミル(Cecil B. DeMille, 1881 - 1959)に見いだされ、一気に大スターの道を駆け上った。週に100万ドルを稼ぎ、100万ドルを使うスターと呼ばれたほどである。映画の中では結婚を数回したという設定になっているが、現実には彼女は6回も結婚を繰り返している。50年後に出版した自叙伝では、ケネディ大統領の父親であるジョセフ・P・ケネディと不倫の関係にあったことを明かしているほど、男女関係のうわさ話は尽きなかった。ビリー・ワイルダー監督は『サンセット大通り』において、サイレント映画時代に活躍し忘れ去られた女優という役どころを、グロリア・スワンソンというまさにその時代に大活躍し、忘れ去られていた女優を起用することで、映画にカムバックさせている。

ビリー・ワイルダーは、本作品では、監督だけでなく、チャールズ・ブラケット(Charles Brackett, 1892 - 1969)、D・M・マーシュマン, Jr (D. M. Marshman, Jr., 1922 -)と共に脚本も行っているが、彼の人生最初の仕事は、映画の脚本家であった。若い売れない脚本家だったので、当初は家賃も払えず野宿したり、友人宅

に転がり込むほどのかなりの極貧生活だったらしい。『サンセット大通り』の主人公であるB級映画の売れない脚本家ジョー・ギリスと同じような生活を送っていたのである。当映画の脚本に、彼の若かりし日々の体験が反映されているのは言うまでもないだろう。ワイルダーはドイツ最高の映画会社ウーファで、『少年探偵団』(*Emil und die Detektive*, 1931)、『街の子スカンポロ』(*Scampolo,ein kind der Straße*, 1932)といった脚本を執筆し大成功を収めるが、1933年にヒトラー率いるナチスが台頭してきたため、ユダヤ系のワイルダーはフランスへ亡命した。『悪い種子』(*Mauvaise Graine*, 1934)で監督デビューしたが、その後、米国に亡命し、1942年映画監督兼脚本家としてハリウッドで再デビューを果たした。

この映画は多くの映画関係者を登場させることで、作品をより現実的なものにし、リアリティあふれる素晴らしいものに仕上がっている。かつての大女優であるノーマ・デズモンドに復帰作品の監督をするように迫られて困惑する映画監督を、セシル・B・デミル自身が演じている。ノーマ・デズモンドがパラマウント・スタジオに出かけて、セシル・B・デミルに会う場面では、『サムソンとデリラ』(*Samson and Delilah*, 1949)という映画の撮影中であったが、このセットは実際に撮影に使われたものである。

また、ジョー・ギリスが映画の中でカードゲームをしているかつてのスターたちをろう人形だと言い放った場面では、喜劇王バスター・キートン(Buster Keaton, 1895 - 1966)、スイスで画家のモデルから映画界へと転身した美人女優で最後には乗馬中の事故で女優生命を失ったワーナーの大作映画の主演女優アンナ・Q・ニルソン(Anna Quirentia Nilsson, 1888 - 1974)、セシル・B・デミルの『キング・オブ・キングス』(*The King of Kings*, 1927)でキリスト役だったH・B・ワーナー(H. B. Warner, 1875 - 1958)が登場している。彼らは実際にサイレント映画時代に活躍した大物俳優たちである。

この映画には、往年の大スターが自分の過去を捨てきれず、世間からほとんど忘れられた存在になっているにも拘らず、まだ多くのファンレターをもらう大スターだと信じて疑わない、非常に哀れな狂気の大女優が登場する。精神的におかしくなり自殺未遂を繰り返していた彼女はかつての栄光を勝ち取ろうとする一方、自分が好きになった男性を自分の屋敷に閉じ込めて、彼の愛をすべて独占したいという女性の情欲も表現されている。一方、最終的には殺害されるギリスが深夜に屋敷をこっそり

抜け出し、脚本家としてのデビューを望んでいる美人のベティーと脚本を一緒に作成しようとする。そうしているうちに、ベティーにはフィアンセがいるにも拘らず、お互いが惹かれ合い、恋人のような関係になっていく展開は、世間でよくありがちな人間ドラマで、当映画の見所の一つである。

　ハリウッド神話の舞台裏を描いた映画である『サンセット大通り』は、批評家たちの前評価が高く、アカデミー賞の11部門にノミネートされたが、ブロードウェイの裏側を見事に描いたジョセフ・L・マンキーウィッツ (Joseph L. Mankiewicz, 1909 - 93) 監督の『イヴの総て』（*All About Eve*, 1950）に苦戦し、年受賞は3部門のみに留まった。『イヴの総て』は作品賞をはじめとして6部門で受賞した。

　『サンセット大通り』は、アカデミー賞では、美術監督・装置賞白黒部門、脚本賞、作曲賞、ドラマ・コメディ部門の3部門を受賞し、ゴールデングローブ賞としては、作品賞ドラマ部門、主演女優賞ドラマ部門、監督賞、作曲賞を受賞している。

高瀬　文広（福岡医療短期大学教授）

ABOUT THE APPEAL OF THIS MOVIE

　映画ファンを魅了する、銀幕のスターたち。とは言え、年代や世代を超えて万人に愛され、常に支持され続ける「真の大スター」というのは、極めて稀なケースであろう。

　例えば、20世紀初頭に英国から渡米し、それまでの舞台喜劇から創成期の映画界へ転じた、「喜劇王」チャールズ・チャップリン（Charles Spencer Chaplin, 1889 - 1977）。彼は、1914年にキーストン社制作のサイレント（無声）短編喜劇映画『成功争ひ』（Making a Living, 1914）でデビュー以来、21世紀となった今でも世界各地でその名を知られ、VHSやLDからDVDやブルーレイ・ディスクへと、映画の記録媒体が変貌・進化を続けても、一貫して変わらぬ人気を誇っている。動画サイト『YouTube』で検索しても、彼が生涯に創作した全81本もの映画の多くがアップロードされており、それら

　の視聴回数はもちろん、好意的なコメント数の多さも特筆すべきものがある。

　その一方で、一世を風靡しながらも、徐々に人気が低迷化して、ひっそりと銀幕から姿を消した「スター」たちも、また大勢いるものである。中でも、前述のチャップリンが入社したキーストン社で先輩の喜劇俳優、ロスコー・アーバックル（Roscoe Conkling Arbuckle, 1887 - 1933）の場合は、そのショッキングな結末で知られている。彼は、日本でも「デブ君」の愛称で親しまれていたという人気喜劇俳優であった。ところが、1921 年のこと。あるパーティにて、若手女優が突如倒れて数日後に病死した際、アーバックルが強姦容疑を着せられるという、当時としては前代未聞のスキャンダルが発生。結局、容疑は証拠不十分で無罪ということにはなったが、これでマスコミや世間から轟轟たる非難を浴びせられた彼は、事実上映画界から追放されるという憂き目に遭ったのであった。

　このアーバックルの場合は極端な例であるが、1927 年に、世界初の長編トーキー（発声映画）と言われる『ジャズ・シンガー』（The Jazz Singer, 1927）が公開され、あっという間に過去の遺物となった、それまでの無声映画時代のスターが凋落し

7

た例も、数多くあった。無声映画では決して聞こえることのなかった、悪声や甲高い声、強い訛りや滑舌の悪さ…などに、ファンが幻滅したからだと言われている。

　このように前置きが長くなってしまったのは、この『サンセット大通り』の事実上の主人公、ノーマ・デズモンドこそが、まさにこの「今では忘れ去られた、サイレント映画時代の往年の大スター」であり、過去の栄光にしがみつきながら隠遁し、たまたま迷い込んだジョー・ギリス（ウィリアム・ホールデン）を翻弄するという人物であるからである。そして、このノーマを怪演しているのは、グロリア・スワンソン。何と、彼女自身もサイレント映画時代の名女優であり、映画完成時は 50 歳。まさに、「往年の大スター」その人であった。

　この映画の全篇に渡って、トーキー出現以前の 1910～20 年代を彩った、様々な映画人の名前が、随所に聞こえてくる。前述のチャップリンやアーバックルと同僚であった、名喜劇女優メーベル・ノーマンド（Mabel Normand, 1892 - 1930）。エキゾチックな美貌とアルゼンチン・タンゴ目当てに、女性がわざわざ盛装して映画館へ足を運んだというエピソードを残す、夭折の超美男スター、ルドルフ・ヴァレンチノ（Rudolph Valentino, 1895 - 1926）。その実に端正な横顔から、ヴァレンチノにも匹敵する人気を誇ったものの、トーキー時代となってその声が仇となって忽然と姿を消したジョン・ギルバート（John Gilbert, 1899 - 1936）。そして、チャップリンと並んで「世界の三大喜劇王」の一人に称される「偉大なる無表情」、バスター・キートン…等々。なお、このキートンも、トーキー出現後に凋落したとされる一人で、劇中ではノーマ・デズモンドの「ポーカー仲間」の一人として、ワンシーンで出演している。

　そして、ノーマが独り隠遁する屋敷にあって、献身的かつ恭しく彼女に仕える忠実な老執事・マックスを怪演するのが、これまたサイレント映画時代の監督であった、エリッヒ・フォン・シュトロハイム（Erich Von Stroheim, 1885 - 1957）。そして、劇中上映される『クイーン・ケリー』（Queen Kelly, 1929）は、シュトロハイム監督、スワンソン主演の実在した映画といういわくつきなのである。

　この『サンセット大通り』、中国語名では"落日大道"。核心をズバリ言い得て妙な辺り、けだし名訳と言えよう。

與古光　宏
（九州産業大学・語学教育研究センター
常勤講師）

WILLIAM HOLDEN
ウィリアム・ホールデン

1918年4月17日イリノイ州生まれ、1981年11月16日没。本名はWilliam Franklin Beedle Jr.。学生のころ、演劇に興味を持ちパサディナ・プレイハウスで演技を学び、舞台に立つようになる。そして、パラマウントにスカウトされ端役で映画デビューし、『ゴールデン・ボーイ』(1939)で一躍注目を浴びる。第二次大戦後に人気は低迷するが本作でアカデミー賞主演男優賞にノミネートされ、再び脚光を浴びる。以降、数々のヒット作に出演し『第十七捕虜収容所』(1953)ではアカデミー賞主演男優賞を受賞した。ほかに、『麗しのサブリナ』(1954)、『戦場にかける橋』(1957)などに出演。

GLORIA SWANSON
グロリア・スワンソン

1899年3月27日イリノイ州生まれ、1983年4月4日没。出生名はGloria May Josephine Svensson。特に映画界などには興味はなかったが、スタジオに見学に行った際にエキストラとして The Song of the Soul (1914) に出演する。様々な映画に出演し、ハリウッドに渡るとパラマウントと契約。セシル・B・デミルに認められ、『夫を変える勿れ』(1919)を皮切りにハリウッドスターの仲間入りを果たした。次第に人気が低迷していったが、本作でアカデミー賞主演女優賞にノミネートされ、再び表舞台に返り咲いた。ほかに、『ありし日のナポレオン』(1925)、『港の女』(1928)などに出演。

ERICH VON STROHEIM
エリッヒ・フォン・シュトロハイム

1885年9月22日オーストリア・ウィーン生まれ、1957年5月12日没。アメリカに渡った後、D・W・グリフィスの『國民の創生』(1915)や『イントレランス』(1916)にエキストラとして出演、後者にはプロダクション・アシスタントとしても参加する。『世界の心』(1918)などの好演で俳優として名を上げると、『アルプス嵐』(1919)、『悪魔の合鍵』(1920)や『愚かなる妻』(1922)で監督としても確固たる地位を得る。Queen Kelly (1929) 以降は、監督としてではなく俳優として活躍し、存在感のある演技を見せ、本作ではアカデミー賞助演男優賞にノミネートされた。

NANCY OLSON
ナンシー・オルソン

1928年7月14日ウィスコンシン州生まれ。1948年にパラマウントと契約すると、『ジェニーの肖像』(1948)の端役で映画デビューする。次作の Canadian Pacific (1949) で主要な役の一つを演じると、本作ではアカデミー賞助演女優賞にノミネートされ、女優として華々しいスタートを切った。以降は、『武装市街』(1950)、『戦場の誓い』、『太平洋の虎鮫』(1951)で本作でも共演したウィリアム・ホールデンと共演するが、成功したとは言えなかった。次第に人気も薄れていったが、ディズニー映画、ニューヨークでブロードウェイやテレビに出演するなどしていた。

ABOUT ENGLISH OF THIS MOVIE

　半世紀以上も前のこのモノクロ映画が、なぜ3Dの今の時代にピックアップされたのか——そんな疑問を持った方、見始めれば、この映画に惹きこまれること請け合いだ。ここでは映画の展開をひきたてる、俳優たちの言葉を見ていこう。

　死んだ男の独白で始まり、独白で終わるという趣向が凝らされているこの映画。まずはこの男、売れない脚本家ジョーの、巧みな言葉使いにご注目。例えば、彼の独白には比喩が多用される。大女優の名声も今は昔となったノーマの一方的な愛情を、"I felt caught like the cigarette in that contraption on her finger." (私はまるで彼女の指の珍奇なからくりにはまった巻きタバコのように感じた) と自虐的に表現し、ノーマのエステティシャンたちが来たときには "an army of beauty experts invaded her house" (美容の専門家の大群に占拠された) と茶化し、彼女の度を越した美と若さへの執着を、"like an athlete training for the Olympic Games" (オリンピックに出ようとトレーニングをする選手のように) と描写して嘲笑う。口の端で笑っているかのような比喩が彼の十八番だ。

　また、この映画は登場人物たちの言い訳に満ちている。怖いもの知らずのベティーは、ジョーの作品を酷評した後に彼がその場にいるのに気づき、"I wish I could crawl in a hole and pull it in after me." (穴の中に逃げ込んで、その穴も引っ張りこみたいくらいだわ) と言いながらも、"but I just didn't think it was any good." (でも、本当に全くいいところがないものですから) と、開き直った言い訳をする。一方、心優しい言い訳をするのは、映画監督のデミル。昔懇意にしていたノーマに素気なくすることもできず、彼女が持ち込んだ脚本には "Well, it's ah... It has some good things in it, yes. But ah...it would be a very expensive picture." (あー、そうだね。まあ、いいところはあるよね。本当に。でも、あのー、けっこう金がかかる映画になりそうだ) と答え、一緒に仕事がしたいと言われれば、"Nothing would please me more, Norma, if...if it were possible." (もし、もしそれができるんだったら、それ以上の喜びはないんだけどね、ノーマ) と、彼女の意見を否定はしない

ものの、承諾をやんわり回避しようとする。その合間には、"young fellow" や "That's the girl." と、ノーマがご機嫌になりそうな言葉を差し挟むことも忘れない。

何と言っても最たるものは、自分とジョーの関係を嫉妬心からベティーに告げ口したノーマが、彼に切々と訴える言い訳だ。"It's...it's just that I don't wanna be left alone... All I ask is for you to be a little patient and a little kind."（ただ、ただ独りで置いていかれたくないの。…少しこらえて、優しくしてほしいだけなの）、"Don't hate me, Joe. I did it because I need you."（私を嫌いにならないで、ジョー。あなたが必要だからやってしまっただけなの）。ジョーにすがりつくノーマの心からの言い訳は、切ないまでに心に迫る。

とにかくこの映画で使われる英語は短文ばかり。小気味よいテンポで、セリフが生きている。字幕なしで、キャストの声で楽しむことも、この映画ならできそうだ。簡潔ながら話者の想いが十二分に伝わるセリフ—これもまた、ともすれば重い内容ながら、観る者に「おもしろい！」という気持ちを先立たせる一つだろう。

秋好　礼子（福岡大学准教授）

# スクリーンプレイ・シリーズについて

【スクリーンプレイ・シリーズとは？】

　名作映画完全セリフ集『スクリーンプレイ・シリーズ』は、映画のセリフとト書き（シーンの説明）を完全に英語および日本語で文字化したもので、映画をバイリンガルな読物として楽しむことができ、また英会話学習にも利用できるシリーズの名称です。

【スクリーンプレイ・シリーズの特徴】

- ◆ 映画のすべてのセリフを、可能な限り正確に英文化しています。そのため発音上の短縮や連結、また文法違反もそのまま表記しています。
- ◆ 映画を読み物として楽しめるように、シーンの説明を表すト書きを、映画台本にあるカメラワークなどの無駄な説明を省き、簡潔に表示・編集しています。
- ◆ ト書きは、ビデオ・DVD などと併用して英語学習をしやすいようにイタリック体で表記しているので、読み飛ばすことも可能です。
- ◆ 映画のセリフおよびト書き部分を、省略翻訳ではなく、全文を完全に日本語対訳しています。訳は対訳性を重視し、あまり意訳をしていません。
- ◆ 左頁には、英語初級者でも辞書を引かなくても意味がわかるように、セリフやト書き部分から幅広く選択した語句の日本語訳を表示しています。
- ◆ 右頁には、セリフやト書きの特別な言い回し・俗語・固有名詞などの詳しい解説や例文、英語訳などがついています。解説のある語句・文章は左頁に ➋ で示されます。
- ◆ 映画を 10 のチャプターに分けて編集し、チャプターごとに DVD の時間表示をしていますので、観たい場面を探しやすくなっています。
- ◆ 映画のこぼれ話や俳優の紹介など、映画に関するコラムを数ヶ所に掲載しています。

【映画をベースにした英語・英会話学習の特徴】

- ・(楽しく) 好きな映画を選択することで、英語・英会話学習が根本的に楽しくなります。
- ・(継続的) 映画を観るときと同じように、復習が、無理なく何回でもできるようになります。
- ・(実践的) 映画の英語は、実際の日常会話ですから、学習は限りなく実践的となります。
- ・(印象的) 記憶力に頼らず一つひとつの言葉が状況、背景とともに印象的に学習できます。
- ・(現実的) 決まり文句、スラング、ジョーク、ユーモア、現代用語など今すぐ使える英語が学べます。
- ・(目的別) 同種の映画を複数選択すれば、ビジネスなど目的別の集中英語学習が可能です。
- ・(段階的) 選択映画の難易度レベルを合わせれば、個人の能力別かつ段階的に学べます。
- ・(個人的) 特定の先生や教室を必要とせず、いつでも、どこでも、自分一人で学べます。
- ・(文法も) 会話だけでなく、単語、熟語、文型、構文など、英文法も効果的に学べます。
- ・(読解も) 優秀な映画シナリオは本来、最高の芸術作品であり、英文読解の学習に最適です。
- ・(文化も) 映画を通して世界の異文化、歴史、民族、風土、政治経済、思想も学べます。

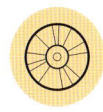

クラシック・スクリーンプレイ DVD について

【クラシック・スクリーンプレイ DVD とは?】

クラシック・スクリーンプレイに付属しているDVDの名称であり、映画全編が収録されています。音声は英語のみ収録されており、字幕は日本語・英語ともについておりません。

【なぜ字幕がついていないの?】

学習者が英語のセリフを頭の中で日本語に訳すことなく、英語のまま理解できるようになることを目的としているからです。字幕なしのDVDを使って生きた英語をそのまま理解しようと努め、くりかえし学習することで、リスニング力強化の効果が高まります。

【クラシック・スクリーンプレイ DVD の使い方】

DVDをプレーヤーに入れると、スクリーンプレイの商標、「おことわり」が表示された後、「メイン・メニュー画面」が表示されます。

【メイン・メニュー画面】

◆本編再生
ここを選択すると映画本編が冒頭から始まります。

◆チャプター
ここを選択すると、チャプター・メニュー画面が表示されます。

【チャプター・メニュー画面】

◆チャプターの選択
本書で分けた10のタイトルに対応しています。各タイトルを選択すると、該当箇所から映画が始まります。

◆メイン・メニュー
メイン・メニュー画面に戻ります。

# リスニング難易度表

　スクリーンプレイ編集部が独自に採点したこの映画の「リスニング難易度」評価一覧表です。リスニングのポイントを9つの評価項目に分け、通常北米で使われている会話を基準として、それぞれの項目を5段階で採点。また、その合計点により、映画全体のリスニング難易度を初級・中級・上級・最上級の4段階で評価しました。評価の対象となったポイントについては、コメント欄で簡単に紹介されています。英語を学ぶ際の目安として参考にしてください。なお、映画全体の英語に関する詳しい説明につきましては、「この映画の英語について」をご参照ください。

評価項目	易　　　　　　→　　　　　　難	コメント
会話スピード Conversation Speed	Level 2	平均的である。
発音の明瞭さ Pronunciation Clarity	Level 2	多くの登場人物、特にノーマの発音は明瞭である。
アメリカ訛 American Accent	Level 3	標準的なアメリカ英語である。
外国訛 Foreign Accent	Level 1	見られない。
語彙 Vocabulary	Level 3	現在では使われない単語がいくつか見られる。
専門用語 Jargon	Level 2	映画に関する専門用語がいくつか見られる。
ジョーク Jokes	Level 1	見られない。
スラング Slang & Vulgarity	Level 2	ほとんど見られない。
文法 Grammar	Level 2	ほぼ標準的な文法が使われている。

　映画全編を通して、発音は明瞭、会話速度は平均的で聞き取りやすい。ノーマの話し方などは、いつも演技がかってはいるものの理解し難いものではなく、ノーマ以外の登場人物が使う英語も標準的で理解しやすい。

| TOTAL SCORE : **18** | 9〜16 = 初級 | **17〜24 = 中級** | 25〜34 = 上級 | 35〜45 = 最上級 |

SUNSET BOULEVARD™

CONTENTS

1. *A Story of One Writer*　　ある脚本家の物語 ……………… 18
2. *Sunset Boulevard*　　　　サンセット大通り ………………… 36
3. *One Norma Desmond*　　ノーマ・デズモンドという人物 · 60
4. *New Year's Eve*　　　　　大みそか ……………………………… 76
5. *Call from Paramount*　　パラマウント社からの電話 · 102
6. *Return to the Studio*　　スタジオ再訪 ……………………… 116
7. *A True Intention*　　　　本当の目的 ………………………… 132
8. *Some Shocking News*　　衝撃的事実 ………………………… 140
9. *The Stars Are Ageless*　　スターは不滅 ……………………… 154
10. *Filming the Last Scene*　ラストシーンの撮影 ……………… 174

コラム
サンセット大通りについて ………………………………………… 34
サイレント映画のスターたち ……………………………………… 74
チャールズ・ブラケットについて ……………………………… 114
ビリー・ワイルダーについて ……………………………………… 138
フィルム・ノワールについて ……………………………………… 182

【時間表示について】
　当書の各章の冒頭に印刷してある時間は、その映画シーンをサーチ(頭出し)するための「目安」として表示しています。
【TIME】は映画の開始時点を [00:00:00] (ゼロ点)とした上での通過時間を表示しています。但し、クラシック・スクリーンプレイDVD以外のDVDやビデオなどで映画をご覧いただく場合、おのおのご使用の機種により多少の誤差がある場合がありますので、ご注意ください。この場合、「□□□…欄」にご使用機種の独自のカウンター番号をご記入ください。

A Story of One Writer

EXT. SUNSET BOULEVARD - MORNING - *A convoy of homicide squad motorbikes and cars and newspaper reporters races down the boulevard to a large mansion. JOSEPH GILLIS describes the event.*

Sunset Boulevard サンセット大通り ⊙
convoy 部隊, 護衛集団
homicide squad 殺人捜査課
race dawn 大急ぎで走り抜ける, 猛スピードで進む
mansion 大邸宅, 大きな屋敷 ⊙
describe 説明する, 述べる
event 次第, 事件

JOSEPH : (v.o.) **Yes, this is Sunset Boulevard, Los Angeles, California. It's about five o'clock in the morning. That's the homicide squad, complete with detectives and newspapermen. A murder has been reported from one of those great big houses in the ten thousand block. You'll read about it in the late editions, I'm sure. You'll get it over your radio and see it on television, because an old-time star is involved, one of the biggest.**

complete with 〜を備えた, 〜付きの ⊙
detectives 刑事
murder 殺人
report 通報する, 報告する

late editions 遅版 ⊙

old-time star 往年のスター, 昔活躍したスター
involved 関わっている

EXT. NORMA'S MANSION - MORNING - *The convoy pulls up in the entrance. Officers and reporters spill out of the cars, some run inside, others go around the side of the building to a pool.*

pull up 停車する, 引き入れる ⊙
spill out 飛び出す, あふれ出す ⊙

JOSEPH : (v.o.) **But before you hear it all distorted and blown out of proportion, before those Hollywood columnists get their hands on it, maybe you'd like to hear the facts, the whole truth. If so, you've come to the right party.**

distorted 歪んだ
blown out of proportion 必要以上に大げさになる
Hollywood ハリウッド ⊙
whole 全部の
you've come...party ⊙

Officers and reporters line the side of the pool, in which, a man's dead body floats face-down.

line 取り囲む
float 浮く

JOSEPH : (v.o.) **You see, the body of a young man was found floating in the pool of her mansion, with two shots in his back and one in his stomach.**

shot 銃弾
back 背中, 背部
stomach 腹部, おなか

18

ある脚本家の物語

TIME 00:00:00
□□□□□□

屋外－サンセット大通り－朝－殺人事件を追うバイクやパトカーや新聞記者たちの車が隊をなし、大通りを猛スピードで走り抜け、ある大きな屋敷に向かう。ジョー・ギリスが事の次第を説明する。

ジョー ：（画面外）そう、ここはカリフォルニア、ロサンゼルスのサンセット大通り。今、朝の5時ごろだ。あれは殺人捜査班だ。刑事や新聞記者たちも引き連れている。1万ほどある大邸宅の1つから殺人が起こったとの通報があったのだ。そのニュースは、きっと新聞の最新版で読むことになるだろうし、ラジオやテレビでも流れるだろう。往年のスターが関与しているのだから。

屋外－ノーマの邸宅－朝－警察車両が入口に到着する。警官や記者たちが車から飛び降り、数人が中に入る。ほかの警官や記者たちは建物の周りを通り、プールへと向かう。

ジョー ：（画面外）しかしそれは、視聴者に届く前に、様々に歪められ誇張されてしまっているだろう。ハリウッドのコラムニストたちが書きたてる前に、誰でも真実を知りたいだろう。もしそう思うなら、いいところに居合わせた。

警官と記者たちがプールを取り囲む。そこにはうつ伏せになった男の水死体が浮かんでいる。

ジョー ：（画面外）ほら、若い男の死体が彼女の屋敷のプールに浮かんでいるのが見えるだろう。背中を2発、腹を1発撃たれている。

■ **Sunset Boulevard**
米国カリフォルニア州のビバリーヒルズにある目抜き通り。Boulevardとは、広い並木道や大通りのことで、Blvd.と省略して標記されることが多い。

■ **mansion**
日本ではマンションというとアパートよりも大きな集合住宅のことを指すが、英語では大きな豪邸や屋敷のことである。日本のマンションは、apartmentやcondominiumという。

■ **complete with**
ex. This mansion comes complete with antique furnishings.（この大邸宅はアンティークの家具を完備している）

■ **late editions**
新聞等の遅版。Latest editionとなれば最新版となる。

■ **pull up**
ex. That big bus suddenly pulled up in front of the hotel.（その大きなバスはホテルの前で急に停車した）

■ **spill out**
何かがあふれ出したり、こぼれ出したりする状況を説明するときの表現。
ex. A lot of presents spilled out of the white bag.（たくさんのプレゼントが白い袋からあふれ出した）

■ **Hollywood**
米国カリフォルニア州のロサンゼルスにある地名。映画製作所や映画産業の中心地である。聖なる木を意味する地名であるが、最初は「HOLLYWOODLAND」だったが、英女優のペグ・エントウィスルがその看板から投身自殺を図ったことから、縁起が悪いとされ現在の地名に変更された。

■ **you've come to the right party**
ここでのpartyは「パーティ」という意味ではなく、「関係当事者」「グループ」といった意味で、正にふさわしい関係者のところに来たという表現である。
ex. Do you want to get a job? You have come to the right person.（仕事が欲しいのかな？ いいところに来たね）

19

JOSEPH : (v.o.) Nobody important, really. Just a movie writer with a couple of B-pictures to his credit. Ha, the poor dope! He always wanted a pool. Well, in the end, he got himself a pool, only the price turned out to be a little high.

movie writer	映画の脚本家
a couple of	(話)数個の, 2～3の
B-pictures to his credit	⊙
dope	ばか, まぬけなやつ
in the end	最後には, ついには
price	代償
turn out to be	～になる ⊙

Reporters take photos of the body.

EXT. / INT. ALTO NIDO APARTMENTS - DAY - The scene fades to a new location.

fade	薄れる
location	場面, シーン

JOSEPH : (v.o.) Let's go back about six months and find the day when it all started. I was living in an apartment house above Franklin and Ivar. Things were tough at the moment. I hadn't worked in a studio for a long time. So I sat there grinding out original stories, two a week.

tough	厳しい ⊙
at the moment	現在のところ, 目下 ⊙
studio	撮影所
grind out	(機械的に)次から次へと作り出す
original	原本

Joseph sits on his bed in a dressing gown typing.

JOSEPH : (v.o.) Only I seemed to have lost my touch. Maybe they weren't original enough, maybe they were too original. All I know is they didn't sell.

I seemed to...my touch ⊙

The doorbell buzzes.

buzz　ブザーが鳴る

JOSEPH : Yep?

Yep ⊙

Joseph gets up and goes to the door. Two BILL COLLECTORS come in, showing their ID cards.

bill collector	借金取り
ID card	身分証明書 ⊙

BILL COLLECTOR 1 : Joseph C. Gillis?
JOSEPH : That's right.
BILL COLLECTOR 1 : We've come for the car.
JOSEPH : What car?

BILL COLLECTOR 2 reads the court order description of Joseph's car.

the court order　裁判所命令

ジョー	：（画面外）大した男ではない。B級映画に数本書いた程度の脚本家だ。ふん、哀れなやつだ！いつもプール付きの家を欲しがっていたが、まあ、結局こんな形でそれが実現したのだ。払った代償は、あまりに大きかったが。

新聞記者たちが死体の写真を撮る。

屋外／屋内－アルト・ニド・アパート－昼－画面が薄れ、次の場面に移る。

ジョー	：（画面外）6か月前に戻ろう。すべてが始まった日だ。僕はアパートのフランクリンとアイバーの上の階に住んでいた。そのころ、生活は厳しかった。もう長いことスタジオでは働いていなかった。それで週に2本ほど部屋の中で脚本をひねり出していたのだ。

ジョーはベッドに座り、ガウンを着てタイプを打っている。

ジョー	：（画面外）どうも自分らしいものが書けない。独創性に欠けるか、多過ぎるか、いずれにせよ売れないことだけはわかっていた。

ドアのベルが鳴る。

ジョー	：誰だ？

ジョーは立ち上がり、ドアを開ける。2人の取り立て屋が入ってきて、身分証明書を見せる。

取り立て屋1	：ジョー・ギリスだな？
ジョー	：そうだ。
取り立て屋1	：車のことで来たんだが。
ジョー	：どの車だ？

取り立て屋2がジョーの車に関する裁判所の命令書を読む。

■ B-pictures to his credit
B-pictures とは B 級の映画で、to his credit とは B 級映画に彼の名前が出ているということ。

■ in the end
ex. The diligent guy always make a big success in the end.（勤勉なやつはいつも最後には成功する）

■ turn out to be
ex. The story turned out to be true.（その話は本当になった）

■ tough
どちらかというと状況が非常に厳しいのだが、しょうがないという少しあきらめに近い気持ちが込められている。
ex. During World War II, times were tough in Japan.（第二次世界大戦中、日本は大変な時代を迎えていた）

■ at the moment
ex. At the moment, I have nothing to do in my office.（現時点では自分のオフィスで何もすることはありません）

■ I seemed to have lost my touch
lose one's touch は「見失う」の意。touch とは、作家や芸術家などの作風や手法のことで、ここではどうしても過去の作品や類似の作風になってしまい、自分独自のいい作品が書けないことを表現している。

■ Yep
= Yes
「うん」「ああ」というような yes よりもかなりくだけた表現。

■ ID card
ID とは identification、または identity のこと。

BILL COLLECTOR 2 : Nineteen forty six Plymouth convertible, California license forty R one sixteen.
BILL COLLECTOR 1 : Where are the keys?
JOSEPH : Why should I give you keys?
BILL COLLECTOR 1 : Because, the company's played ball with ya long enough, because you're three payments behind. And because we got a court order. Now, come on, the keys.
BILL COLLECTOR 2 : Or do you want us to jack it up and haul it away?
JOSEPH : Relax fans, the car isn't here.
BILL COLLECTOR 1 : Oh, is that so?
JOSEPH : I loaned it to a friend of mine. He took it down to Palm Springs.
BILL COLLECTOR 1 : Oh, had to get away for his health, I suppose, huh?
JOSEPH : If you don't believe me, look in the garage.
BILL COLLECTOR 1 : Sure, sure. We believe you, only now we want you to believe us. That car better be back here by noon tomorrow or there's gonna be fireworks.
JOSEPH : You say the cutest things.
BILL COLLECTOR 1 : Ha.

The two bill collectors leave. Joseph walks across the room and picks up his trousers. His car keys fall out. He picks them up.

JOSEPH : (v.o.) Well, I needed about two hundred and ninety dollars and I needed it real quick, or I'd lose my car. It wasn't in Palm Springs, and it wasn't in the garage.

EXT. CARPARK - DAY - Joseph walks to get his car from behind Rudy's shoeshine parlor. Rudy sits in his parlor shining shoes. Joseph honks to Rudy as he drives out of the carpark.

JOSEPH : (v.o.) I was way ahead of the finance company. I knew they'd be coming around and I wasn't taking any chances.

Sunset Boulevard

取り立て屋2: 1946年製、プリマスのオープンカー、ナンバーはカリフォルニア40R116。

取り立て屋1: キーはどこだ？

ジョー: どうしてキーを渡さなくちゃならないんだ？

取り立て屋1: うちでもおまえには十分協力してきたからだ。おまえは3か月も滞納しているからだ。そして、裁判所の命令書もあるからだ。さあ、キーをよこせ。

取り立て屋2: それともレッカー車で運んでほしいか？

ジョー: まあ、落ちつけよ。車はここにはない。

取り立て屋1: へえ、そうかい。

ジョー: 友人に貸したんだ。パームスプリングに乗っていったよ。

取り立て屋1: ほう、静養に出かける必要があったのか、おい？

ジョー: 信じないなら、車庫を見てみろ。

取り立て屋1: わかった、わかった。信じてやろう。今日だけはおまえも俺たちを信用しろ。あの車は明日の正午までに取り戻しておけよ。さもないと、ちょっと派手なことが起こるぜ。

ジョー: ずいぶん気のきいたことを言うじゃないか。

取り立て屋1: ふん。

取り立て屋の2人は出ていく。ジョーは部屋の奥へ行き、ズボンを手に取る。車のキーが落ち、彼はそれを拾う。

ジョー: （画面外）さて、私は290ドル必要だった。大至急で。さもなければ、車を取られてしまう。車はパームスプリングなどにはなかった。もちろん車庫にも。

屋外－駐車場－昼－ジョーは靴磨きのルディの店の奥の駐車場に車を取りに行く。ルディは店の中で靴磨きをしている。ジョーはルディにクラクションを鳴らして、駐車場から出ていく。

ジョー: （画面外）私は金融会社の一歩先を行っていた。取り立て屋が来ることはわかっていたし、自分に逃げ場がないこともわかっていた。

■ **Plymouth**
米国の自動車会社クライスラーが1928年に開始した自動車ブランド。ブランドの商標ロゴには、プリマス・ロックに到着するメイフラワー号が描かれていた。日本での販売は「プリムス」。

■ **the company's played...long enough**
ここでは「うちの会社は、充分長い間支払ってもらえなくて待たされた」ということを表現している。

■ **Relax fans**
ここでは取り立てにやって来た連中に対して「落ち着け」と半分冗談交じりに呼びかけている。

■ **for one's health**
ここでのhealthはThe slowest possible rate at which one can dieに近い意味で、どうせ逃げ切れないのに、気休めを言っているのか、というようなニュアンスの表現。

■ **That car better...noon tomorrow**
= The car had better be back here by noon tomorrow.

■ **gonna**
= going to

■ **fireworks**
「明日の正午までに車が戻らないと、花火大会みたいになっちゃうぞ」という意味で、火薬を使った銃のようなものを爆発させるぞと脅している。

■ **You say the cutest things**
上記のfireworks（花火、ドンパチ）を、わざと「最高に素敵なこと」と言って、相手の脅しをはぐらかしている。

■ **be way ahead of...**
wayは副詞で、「ずっと」「かなり」という意味。ahead of...は、「～の前」ということで、「俺がかなりずっと以前から気づいていた」ということを指している。

■ **I wasn't taking any chances**
take a chanceは「一か八かやってみる」「当たって砕けろ」という熟語であるが、ここでは「一か八かやろうとしても全く望みが薄い」ということを述べている。

JOSEPH : (v.o.) **So I kept it across the street in a parking lot behind Rudy's shoeshine parlor. Rudy never asked any questions about your finances, he'd just look at your heels and know the score.**

EXT. / INT. PARAMOUNT PICTURES - DAY - Joseph parks his car and walks toward the movie studio gate.

JOSEPH : (v.o.) **I had an original story kicking around Paramount. My agent told me it was dead as a doornail, but I knew a bigshot over there who'd always liked me. And the time had come to take a little advantage of it.**

SHELDRAKE sits in his office. He takes out a cigar and bites off the end.

JOSEPH : (v.o.) **His name was Sheldrake. He was a smart producer with a set of ulcers to prove it.**
SHELDRAKE: **All right, Gillis, you've got five minutes. What's your story about?**
JOSEPH : **It's about a baseball player, a rookie shortstop that's batting three forty seven.**
SHELDRAKE: **Ah-ha.**
JOSEPH : **Poor kid was once messed up in a hold-up, but he's trying to go straight...**
SHELDRAKE: **Ah-ha.**
JOSEPH : **Except there're a bunch of gamblers that won't let him.**
SHELDRAKE: **So, they tell the poor kid he's got to throw the World Series or else, huh?**

Sheldrake's secretary walks in.

JOSEPH : **More or less, except for the end. I've got a gimmick that's real good.**
SHELDRAKE: **Ah-ha, you got a title?**

---

parking lot 駐車場
look at your heels
know the score
Paramount Pictures パラマウント映画
park 駐車する
kick around 試しにやってみる, 取り上げる
dead as a doornail
bigshot 大物, 有力者
the time had come to
take advantage of だまして, うまく利用する
smart 賢い, 洗練された
a set of ひとまとまりの, セットの
ulcers 潰瘍
prove わかる, (〜ということを)証明する
rookie 新人選手
shortstop ショート, 遊撃手
batting three forty seven
once かつて, 以前
messed up めちゃくちゃな状態, 頭が混乱していた
go straight 更正する, まともに生きる
a bunch of たくさんの, 多くの
secretary 秘書
more or less 多かれ少なかれ
gimmick 仕掛け

ジョー　　　：（画面外）それで、車を向かいにある靴磨きのルディの店の奥の駐車場に隠していたのだ。ルディは、金のことは何も聞かない。靴のかかとの減り具合を見れば、相手のふところ具合がわかるのだろう。

屋外／屋内－パラマウント映画－昼－ジョーは車を止め、映画スタジオの門に向かって歩いてくる。

ジョー　　　：（画面外）パラマウントに売り込みたい脚本があった。エージェントはさびついた代物だと言うが、僕にはひいきにしてくれる大物の知り合いがいた。今こそ、その恩恵に預かるときが来た。

シェルドレイクがオフィスの椅子に座っている。葉巻を1本取り出し、端を噛み切る。

ジョー　　　：（画面外）彼の名はシェルドレイク。腕利きのプロデューサーだ。潰瘍持ちというのもいかにもそれらしい。

シェルドレイク：よし、ギリス。5分やろう。どんな話だ？

ジョー　　　：野球選手の話だ。新人でショートを守り、打率は3割4分7厘。

シェルドレイク：それで？

ジョー　　　：若気の至りで、サツに捕まるようなことをしでかすが、更生したがっている…

シェルドレイク：ふうん。

ジョー　　　：だが、山ほどいる博打仲間がそうはさせない。

シェルドレイク：それでワールドシリーズか何かで投げろとでも言うのか？

シェルドレイクの秘書が入ってくる。

ジョー　　　：まあ、そんなところだ。だがラストが違う。実にいい仕掛けを用意している。

シェルドレイク：へえ、タイトルは？

■ parking lot
= car park; parking area

■ look at your heels
「君の足下を見る」という意味で、相手の弱みを見て知っていることを表している。

■ know the score
スコアを知っているということから「真相や実情を知っている」という意味。

■ Paramount Pictures
アメリカの映画会社・映画スタジオの1つ。1912年に東欧系ユダヤ人としてハンガリーで生まれたアドルフ・ズーカーによって設立された「フェーマス・プレーヤーズ」を前身とし、現在はバイアコムの傘下にある。当時脚本家だったセシル・B・デミルと組んで、1913年ハリウッド初の長編映画『スクォー・マン』（The Squaw Man）を製作する。ワイドスクリーン規格の1つ、ビスタビジョン（ビスタサイズ）を開発したことでも知られる。

■ dead as a doornail
ドアのくぎのように死んでいるということから、どうしようもなく絶望的な状況を表現するときの言いまわし。

■ the time had come to
「～するときがやってきた」というときの表現。
ex. The time had come to run in the general election.（総選挙に出馬するときがやってきた）

■ take advantage of
ex. That merchant seems to take advantage of the poor saying nice things.（その商人はうまいことを言いながら貧しい人につけ込んでいるようだ）

■ batting three forty seven
3割4分7厘の打率を打っているという意味。

■ a bunch of
= a lot of

■ more or less
数量や程度の差は少しあるが、大体同じぐらいのときに使用する表現。似たような表現として、nearly, approximately, aboutなどがある。
ex. She told more or less out of the blue about her experience.（彼女はいくらか唐突ともいえる感じで自分の経験談を語った）

JOSEPH : "Bases Loaded." There's a forty-page outline.

SHELDRAKE: (to secretary) Call readers department, find out what they have on "Bases Loaded."

The secretary walks out.

JOSEPH : They're pretty hot about it at Twentieth, except I think Zanuck's all wet. Can you see Ty Power as the shortstop?

SHELDRAKE: Hm-mm.

JOSEPH : You've got the best man for it right here in this lot, Alan Ladd. It'd be a change of pace for Ladd. And there's another thing. It's pretty simple to shoot. Lots of outdoors stuff. I bet you could make the whole thing for under a million.

Sheldrake belches. He drinks some milk.

SHELDRAKE: Excuse me.

JOSEPH : And there's a great little part for Bill Demarest. One of the trainers. An old player who got beaned, goes out of his head sometimes.

BETTY SCHAEFER from the reader's department enters.

BETTY : Hello, Mr Sheldrake.

SHELDRAKE: Hello.

BETTY : On that "Bases Loaded", I covered it with a two-page synopsis.

SHELDRAKE: Thank you.

BETTY : But I wouldn't bother.

SHELDRAKE: What's wrong with it?

BETTY : It's from hunger.

SHELDRAKE: Nothing for Ladd?

BETTY : Oh, it's just a rehash of something that wasn't very good to begin with.

ジョー　　　：「満塁」だ。40ページのあらすじも書いてある。

シェルドレイク：（秘書に）原稿閲読課に「満塁」の上にどう書いてあるか探すように言ってくれ。

秘書が出ていく。

ジョー　　　：20世紀映画会社でも大評判だが、ザナック監督じゃ、だめだ。タイロン・パワーのショートを見たいと思うかい？

シェルドレイク：そうだな。

ジョー　　　：ここには打ってつけの役者がいる。アラン・ラッドだ。彼も芸の幅が広がるだろう。さらにいいことがあるぞ。撮影も簡単だ。大半は野外なんだ。100万ドルもかからないさ。

シェルドレイクはげっぷをし、ミルクを一口飲む。

シェルドレイク：すまん。

ジョー　　　：ビル・デマリストにもぴったりな役を考えてある。コーチ役だ。ドラッグ漬けで、時々おかしくなる。

原稿閲読課のベティー・シェーファーが入ってくる。

ベティー　　：お待たせしました。シェルドレイクさん。

シェルドレイク：やあ。

ベティー　　：「満塁」です。上にあらすじを2ページほど付けておきました。

シェルドレイク：ありがとう。

ベティー　　：でも、お言葉ですが…

シェルドレイク：どこが悪いんだね？

ベティー　　：駄作ですよ。

シェルドレイク：ラッド向きじゃないか？

ベティー　　：ええ、もともとつまらない原作をさらに焼き直しただけです。

■ Bases Loaded
満塁を日本語でフルベースというが、これは和製英語。The bases are full. という表現を使って満塁を指すこともある。

■ find out
ex. I will find out where she lives.（彼女がどこに住んでいるか探し出すぞ）

■ Twentieth
20世紀映画会社は1933年にダリル・F・ザナックにより設立された映画会社で、1934年にはフォックス・フィルムと合併し、20世紀フォックス映画となった。

■ Ty Power
本名は Tyrone Edmond Power で、米国オハイオ州シンシナティ生まれの美青年映画俳優。『ガールズ・ドミトリー』（Girls' Dormitory, 1936）で映画に初デビューし、『快傑ゾロ』（The Mark of Zorro, 1940）、『愛情物語』（The Eddy Duchin Story, 1956）、『陽はまた昇る』（The Sun Also Rises, 1957）などの作品に出演している。ところが1958年、『ソロモンとシバの女王』（Solomon and Sheba）のスペインでのロケ中に心臓麻痺を起こし44才の若さで亡くなった。

■ Alan Ladd
本名は Alan Walbridge Ladd で、米国1913年9月3日にアーカンソー州出身の俳優。西部劇映画の有名な『シェーン』（Shane, 1953）で主役のシェーンを演じた。ほかに『市民ケーン』（Citizen Kane, 1941）、『誇り高き反逆者』（The Proud Rebel, 1958）などがある。晩年ノイローゼになり、睡眠薬の多用が原因で1964年に亡くなった。

■ excuse me
人に謝罪を求めたり、詫びるときの表現。語尾を上げると「もう一度言ってください」となる。

■ Bill Demarest
= William Demarest
ウイリアム・デマレストのこと。1892年米国ミネソタ州出身の映画俳優。

■ An old player who got beaned
bean には「アヘン剤、アヘンを混ぜた薬剤」というような俗語があり、ここではそのようなアヘンのような薬漬けになったという意味。

■ be wrong with
ex. There is something wrong with this machine.（この機械はどこか故障している）

SHELDRAKE: I'm sure you'll be glad to meet Mr Gillis, he wrote it. This is Miss Kramer.

Joseph walks up to Betty.

BETTY : The name is Schaefer, Betty Schaefer. Right now, I wish I could crawl in a hole and pull it in after me.

JOSEPH : If I could be of any help.

BETTY : Oh, I'm sorry, Mr. Gillis, but I just didn't think it was any good. I found it flat and trite.

JOSEPH : Exactly what kind of material do you recommend? James Joyce, Dostoyevsky?

BETTY : I just think that pictures should say a little something.

JOSEPH : Oh, one of the message kids. Just a story won't do. You'd have turned down "Gone with the Wind."

SHELDRAKE: No, that was me. I said who wants to see a Civil War picture?

BETTY : Perhaps the reason I hated "Bases Loaded" is that I knew your name. I'd always heard you had some talent.

JOSEPH : That was last year. This year, I'm trying to earn a living.

BETTY : So you take plot twenty seven A, make it glossy, make it slick...?

SHELDRAKE: Ah, ah, ah, ah. Those are dirty words. You sound like a bunch of New York critics. That'll be all Miss Kramer...ah, Schaefer.

BETTY : Goodbye, Mr Gillis.

JOSEPH : Next time, I'll write you "The Naked and the Dead."

Betty leaves the office.

SHELDRAKE: Well, seems like Zanuck has got himself a baseball picture.

Sunset Boulevard

シェルドレイク：	ギリス君に会えてきっとうれしいだろう。彼が書いたんだ。ギリス、こちらはミス・クレーマー監督だ。

ジョーはベティーに近づく。

ベティー：	シェーファーといいます。ベティー・シェーファーです。穴の中に逃げ込んで、その穴も引っ張りこみたいくらいだわ。
ジョー：	お手伝いしたい気分だね。
ベティー：	あの、申し訳ありません、ギリスさん。でも、本当に全くいいところがないものですから。単調で、ありふれた話で。
ジョー：	一体、君のご推薦は誰だい？ ジェイムズ・ジョイスかい？ それともドストエフスキー？
ベティー：	映画とは何かを訴えるものだと思うんです。
ジョー：	ああ、教訓娘か。ただの物語じゃだめなんだな。君が『風と共に去りぬ』を却下したんだろう。
シェルドレイク：	いや、あれは私だ。南北戦争の映画など誰が見たがるか、と言ってやった。
ベティー：	お名前を聞いていたから、「満塁」の出来が不満だったのかもしれません。才能がある方だと、いつも聞いていましたから。
ジョー：	昔の話だ。今じゃ生活に困っている。
ベティー：	それで27Aの構想をテカテカで、ヌルヌルした感じにしたわけですか？
シェルドレイク：	おいおい、そんな下品な言葉を使っちゃいかん。ニューヨークの批評家みたいだぞ。もういい、ミス・クレーマー監督、いやシェーファー君。
ベティー：	失礼します、ギリスさん。
ジョー：	次回作は君に「裸者と死者」というのを書いてやるよ。

ベティーはオフィスを出ていく。

シェルドレイク：	そうだな、ザナックが野球ものを撮っているみたいだな。

■ I wish I could crawl in a hole
ベティーが本人を目の前にして、グリルが書いた作品を最低の駄作だと本人がいるとも知らずに言ってしまったので、穴にでも入りたいくらい恥ずかしいと述べている。I wish I could は「～できたらいいのに」いう表現。

■ James Joyce
ジェイムズ・オーガスティン・アロイジアス・ジョイス（James Augustine Aloysius Joyce 1882 - 1941）は、アイルランド出身の小説家であり、詩人。代表作に小説『ユリシーズ』（1922）、ほかには短編集『ダブリン市民』（1914）、『若き芸術家の肖像』（1916）などがある。20世紀の最も重要な作家の1人。

■ Dostoyevsky
フョードル・ミハイロヴィチ・ドストエフスキー（Fyodor Mikhailovich Dostoevskii, 1821 - 81）は、ロシアの小説家で思想家でもある。代表作は『罪と罰』（1866）、『白痴』（1868）、『カラマーゾフの兄弟』（1880）など。19世紀後半のロシア文学を代表する文豪。

■ Gone with the Wind
映画『風と共に去りぬ』（Gone with the Wind, 1939）は米国の南北戦争下のジョージア州アトランタ市を背景に、気性の激しい南部の女であるスカーレット・オハラの半生を壮大に描いたもので、長編テクニカラー映画で世界的なヒット作となり、アカデミー賞を9部門受賞した。これはマーガレット・マナーリン・ミッチェル（Margaret Munnerlyn Mitchell）が、1936年に出版した長編小説が元になっている。

■ sound like
ex. That sounds like a foolish idea to me.（僕にはバカげた考えに思える）

■ Miss Kramer
Kramer は（人名）クレイマー、ここでは Betty Schaefer を指す。

■ That'll be all...ah, Schaefer
That will be all の that is all のところは、「もうそこまでだ」「もう終わりだ」という意味。

■ The Naked and the Dead
アメリカの作家ノーマン・メイラー（Norman Mailer）の作品。第二次世界大戦におけるアメリカと日本との交戦を描いた小説でベストセラーにもなった。1958年にラオール・ウォルシュ監督により映画化された。

JOSEPH : Mr. Sheldrake, I don't want you to think I thought this was going to win an Academy award.

SHELDRAKE: Of course, we're, we're um...looking for a Betty Hutton. Ah, do you see it as a Betty Hutton?

JOSEPH : Frankly, no.

Sheldrake lies down on his couch.

SHELDRAKE: Now, wait a minute. If we made it a girls' softball team, put in a few numbers, might make a quite musical: "It Happened in the Bullpen: The Story of a Woman."

JOSEPH : Are you trying to be funny, because I'm out of laughs. I'm over a barrel. I need a job.

SHELDRAKE: I haven't got a thing.

JOSEPH : Any kind of an assignment, additional dialogue.

SHELDRAKE: There's nothing, honest.

JOSEPH : Look, ah... Mr. Sheldrake, could you let me have three hundred bucks yourself as a personal loan?

Sheldrake gets up and tells his situation to Joseph.

SHELDRAKE: Could I? Gillis... Last year, somebody talked me into buying a ranch in the valley, so I borrowed the money from the bank to pay for the ranch. This year, I had to mortgage the ranch so I could keep up my life insurance, so I could borrow on my insurance...

EXT. / INT. SCHWAB'S PHARMACY - DAY - Joseph stops his car and dodges traffic walking across the street.

JOSEPH : (v.o.) After that, I drove down to headquarters.

I don't want you to think ◎
Academy award　アカデミー賞 ◎
look for　〜を探す ◎
Betty Hutton　ベティ・ハットン ◎
frankly　正直に言うと，実のところ
couch　長椅子, ソファ
wait a minute　ちょっと待った ◎
a few　いくつかの, 少しの
number　曲, 楽節
quite　素晴らしい, とてもいい
bullpen　(野球)ブルペン
I'm out of laughs ◎
I'm over a barrel ◎
assignment　割り当てられた仕事
additional　わずかな, 付加的な
dialogue　会話, 対話
honest　本当に, 正直言って
buck　(米話)(ある量の)お金
personal loan　個人ローン
situation　状況, 場面
talk into...　〜をするように説得する ◎
ranch　(米·豪)大牧場
valley　谷間, 渓谷
mortgage　担保
pharmacy　薬局
dodge　よける, 素早く身をかわす
headquarters　本社, 本部 ◎

ジョー	: シェルドレイクさん、僕がアカデミー賞を狙っているなんて思わないでくれよ。
シェルドレイク	: 当たり前だ。そうだな、ベティ・ハットンを探そう。ベティ・ハットンを知っているか？
ジョー	: 実のところ、ありません。

シェルドレイクは長椅子に座る。

シェルドレイク	: おう、ちょっと待てよ。もしも女子のソフトボールの話にして、曲もつければ、完全なミュージカルになるじゃないか。「ブルペンの出来事：ある女の物語」。
ジョー	: 冗談のつもりですか？ こっちは笑う気もしない。困っているんです。仕事が欲しいんですよ。
シェルドレイク	: 私は何もやれんよ。
ジョー	: どんな雑用でも、わずかなセリフでもいい。
シェルドレイク	: 本当に何もないんだ。
ジョー	: えっと、あの…シェルドレイクさん、個人的に300ドル貸してもらえませんか？

シェルドレイクは立ち上がって、ジョーに状況を説明する。

シェルドレイク	: 私が？ ギリス、実は去年谷間の牧場を買わないかと言われたのだ。そこで、銀行に借金して、その牧場を買ったわけだが、今年になってそれが抵当に入ってしまった。私は生命保険に必要な金を借りて…

屋外／屋内－シュワブ薬局－昼－ジョーは車を止め、走る車をよけながら、通りを横切る。

ジョー	: （画面外）それから僕は、仲間が集まる場所へ行った。

■ I don't want you to think
「want + O + to 不定詞」で「Oに～してほしい」の意。

■ Academy award
米国映画の健全な発展を目的に、キャスト、スタッフを表彰し、その労と成果を讃えるための米国映画を対象とした映画賞。アカデミー賞の授賞式は1929年に設立された「映画芸術科学アカデミー」の夕食会の一環として始まった。審査対象の映画は、授賞式前年の1年間にアメリカ国内の特定地域で公開された作品を対象に選考される。受賞するとオスカー像と呼ばれる金メッキの人型の彫像が贈られる。

■ look for
ex. This house is just what I have been looking for.（この家こそ、まさに僕が探し求めていたものだ）

■ Betty Hutton
本名は Elizabeth June Thornburg で、1921年米国ミシガン州バトルクリーク出身の女優・歌手。

■ wait a minute
= Just a moment
文字通りの意のほか、反論・質問などの前置きでも使う表現。
ex. Wait a minute! I don't think it is a good plan.（ちょっと待った！ それはいい計画だとは思わないな）

■ I'm out of laugh
out of... が「～から離れた状態」「～が切れた状態」を意味する。ここでは笑いから離れた状態にあるということから「笑う気もしない」となる。

■ I'm over a barrel
over a barrel は文字通りに訳せば、「樽の上に」という意味であるが、もともとは、「溺れた人を、水を吐かせるために、樽の上に乗せる」状態を表現したもので、「溺れて危ない状態にある」ことから「窮地に陥って」となる。

■ talk into
ex. It was very difficult to talk him into giving up his dream.（彼の夢をあきらめるように説得することは非常に難しかった）

■ headquarters
普通は「本社、本部」の意だが、ここでは「自分たちの仲間たちが集まる所」という意味で使っている。

JOSEPH : (v.o.) That's the way a lot of us think about Schwab's drugstore. Kind of a combination office, Kaffeeklatsch and waiting room. Waiting... Waiting for the gravy train.

From the phone box inside, Joseph calls some people.

JOSEPH : (v.o.) I got myself ten nickels and started sending out a general SOS. Couldn't get hold of my agent, naturally. So then I called a pal of mine, Artie Green. An awful nice guy and assistant director. He could let me have twenty, but twenty wouldn't do. Then I talked to a couple of yes-men at Metro. To me, they said no. Finally, I located that agent of mine. The big faker! Was he out digging up a job for poor Joe Gillis? Ah, he was hard at work in Bel Air, making with the golf sticks.

Joseph slams down the phone and walks out of the pharmacy.

EXT. GOLF COURSE - DAY - Joseph's AGENT finishes a hole of golf. He walks across the green with Joseph.

AGENT : So you need three hundred dollars? Of course I could give you three hundred dollars, only I'm not going to.
JOSEPH : No?
AGENT : Gillis, get this through your head. I'm not just your agent. It's not the ten percent. I'm your friend.
JOSEPH : You are?
AGENT : Don't you know the finest things in the world have been written on an empty stomach. Once a talent like yours gets into that Mocambo-Romanov rut, you're through.

ジョー ：（画面外）それが、僕たちの多くがシュワブの店に対して考えていることだ。会社と喫茶店と待合室を兼ねそろえたような所だ。待つ…そう犬が飛びつくような肉汁たっぷりの「うまい話」を待つ所なのだ。

店内の電話ボックスから、ジョーは数人に電話をかける。

ジョー ：（画面外）僕は 5 セント硬貨を 10 枚ほど手にして、知り合いに救助要請の電話をした。だがエージェントは捕まらなかった。思った通りだ。そこで今度は友人のアーティ・グリーンにかけてみた。助監督をしているが、実にいいやつだ。20 ドル貸してくれると言ったが、その程度では話にならない。次にメトロ社のごますり連中にも電話したが、この私に、やつらはノーと言った。やっとのことでエージェントにつながった。何てやつだ！ 哀れなジョー・ギリスに必死で仕事を探してくれていたわけではないのか？ 何と、ベルエアでゴルフクラブ片手に楽しくお仕事中だった。

ジョーは乱暴に電話を切ると、薬局から出ていく。

屋外－ゴルフコース－昼－ジョーのエージェントは 1 ホール終え、ジョーとグリーンを歩いていく。

エージェント：それで、300 ドル欲しいのか？ もちろん、貸そうと思えば、300 ドルくらいはあるが、断るよ。

ジョー ：断るだって？
エージェント：ギリス、聞いてくれ。私は単に君のエージェントだけじゃない。そんなのは 1 割にしかすぎんよ。むしろ君の友人だと思っている。

ジョー ：君が？
エージェント：この世で最高傑作は、ハングリーなときにこそ書けるんだぞ。君の才能がモカンボ・ロマノフのわだちに消えたら、君は終わりだ。

■ Kaffeeklatsch
= coffee klatsch

■ SOS
国際的なモールス符号の遭難信号で、"Save Our Souls"（われわれの魂を救え）、または "Save Our Ship"（われわれの船を救え）の略とされている。モールス符号は3短点、3長点、3短点（・・・－－－・・・）の組み合わせの信号で、素人であっても送信しやすい符号を選んだもの。

■ get hold of
= get ahold of
ex. The first thing to do now is to get hold of information from traditional sources.（今しなければいけないのは、従来の情報源から情報を手に入れることだ）

■ dig up
ex. People tried to dig up dirt on that movie star.（人々はその映画スターのスキャンダルをかき集めようとした）

■ Bel Air
1923 年に Alphonzo E. Bell により作られた米ロサンゼルス市の西側に位置する高級住宅街。

■ get this through your head
「このことを君の頭を通してくれ」ということから「このことを理解してくれ」「このことを聞いてくれ」となる。

■ get into
ex. I think that you are getting into the unknown world now.（君は今未知なる世界に足を踏み入れようとしていると思うよ）

■ be through
ex. I'm through with love like that.（もうそんな恋愛にはこりごりだ）

JOSEPH	: Oh, forget Romanov! It's a car I'm talking about. If I lose my car, it's like having my legs cut off.	forget 忘れる
AGENT	: Greatest thing that could happen to you. Now you'll have to sit behind a typewriter. Now you'll have to write.	Greatest thing...you ⇨ sit behind 座る ⇨

Joseph snatches the golf ball his agent has been tossing.

snatch 素早くつかむ，急いで取る
toss 放ること，投げ

JOSEPH	: What do you think I've been doing? I need three hundred dollars.	
AGENT	: Sweetheart, maybe what you need is another agent.	sweetheart （呼びかけ）ねえ

Joseph passes back the ball and walks off.

サンセット大通りについて

　本編映画 DVD に収められている解説によると、ノーマの邸宅の所在地である「サンセット大通り10086番地」は実在しない。この邸宅自体は撮影当時実在したが、サンセット大通りから6マイル離れたウィルシャー大通りとアーヴィング大通りの角にあった。

　実際のサンセット大通りは、カリフォルニア州のロサンゼルス郡西部を貫く有名な大通りで、ロサンゼルスのダウンタウンにあるフィグエロア・ストリートから太平洋を望むパシフィック・コースト・ハイウェイまで伸びており、途中、シルバー・レイク、ハリウッド、ビバリー・ヒルズなどを通過する。「サンセット（日没）」の名のとおり、その通り越しに太陽が沈む。本編映画のカーチェイスの場面にもあるようにビバリー・ヒルズを過ぎたあたりから、ヘアピンカーブや見通しの悪いカーブがあり、大半に中央分離帯がないため、交通事故が頻発すると聞く。

　ハリウッドのサンセット大通りには、ギター専門店や音楽産業関連

ジョー	: そう僕のロマノフだ！ 忘れていた。その話で来たんだよ。あの車を取られたら、僕は文字通り足を失ってしまう。
エージェント	: それは何よりだ。そうなれば、タイプライターと向き合って、さあ思う存分書けるじゃないか。

ジョーは、エージェントが放り上げたゴルフボールをつかみ取る。

ジョー	: 今まで僕が何をしてきたと思っているんだ？ 300ドル必要なんだよ。
エージェント	: 友よ、君に必要なのは別のエージェントだろうな。

ジョーはボールを返し、歩き去る。

■ Greatest thing that...to you
ここでは、車を失って行く所がなくなれば、タイプライターに四六時中向き合って、作品が書けるという素晴らしいことが起きるかも知れないと皮肉を言っている。
ex. I still cannot remember what happened to me when I had a car accident.(車の事故のとき、自分に何が起きたのかまだ思い出せない)

■ sit behind
「〜の後ろに座る」ということから「タイプライターを使った仕事に従事する」というような意味になる。
ex. She began to sit behind the counter at the shop.(彼女はその店の店員として働き始めた)

　の企業があり、「ギター通り」とも呼ばれる。特にウエスト・ハリウッドのあたりは「サンセット・ストリップ」と呼ばれるロサンゼルスの夜の繁華街となっている。

　本編映画の中に出てくる「シュワブ薬局」は撮影当時実在しており、サンセット大通りの8000番代にあった。本編映画の一場面のように、この店はハリウッドの俳優や脚本家のたまり場となっていた。小説「グレート・ギャッビー」を書いたF・スコット・フィッツジェラルドはこの店でタバコを買っているときに心臓発作を起こしたと言われている。また、チャーリー・チャップリンは三大喜劇王の一人のハロルド・ロイドとこの店の奥でピンボールをしたそうである。セクシー女優のラナ・ターナーがこの店で見出されたのはハリウッド神話となっている。この映画が公開された後の1950年代に改装されたが、次第に客足が遠のき、1983年に閉店した。現在、その跡地には複合映画館が建っている。

篠原　一英（福岡県立久留米筑水高等学校教諭）

Sunset Boulevard

EXT. SUNSET BOULEVARD - DAY - Joseph turns into the boulevard.

JOSEPH : (v.o.) As I drove back towards town, I took inventory of my prospects. They now added up to exactly zero. Apparently, I just didn't have what it takes. And the time had come to wrap up the whole Hollywood deal and go home. Maybe if I hocked all my junk, there'd be enough for a bus ticket back to Ohio, back to that thirty five dollar-a-week job behind the copy desk of the "Dayton Evening Post." if it was still open, back to the smirking delight of the whole office. All right, you wise guys, why don't you go out and take a crack at Hollywood? Maybe you think that you could make...

Waiting at a traffic signal, Joseph spots the bill collectors across the boulevard.

JOSEPH : Uh-oh!

Joseph flips down the sun visor to hide his face, but the bill collectors spot him. When the signal turns to GO, Joseph races off. The bill collectors do a quick U-turn and give chase. Driving over a rise, Joseph suddenly gets a puncture in one of his tires. He veers across the road and up into a driveway just before the bill collectors come. They drive past without seeing him.

EXT. / INT. NORMA'S MANSION - DAY - After the bill collectors pass by, Joseph steps out of his car to check his tire, but instead notices the rundown gardens and buildings.

サンセット大通り

TIME　00：10：17
☐☐☐☐☐☐

屋外－サンセット大通り－昼－ジョーは車で大通りに差し掛かる。

ジョー　　：（画面外）町に向かって運転しながら、僕は頼れそうな人物リストを思い出してみた。しかし見たところ1人もいない。もうどうしようもない。ハリウッドの仕事もそろそろクランクアップにして、田舎に帰るとするか。部屋のがらくたをすべて質に入れたら、バス代くらいにはなるだろう。オハイオの「デイトンイブニングポスト」社の机に座り、またあの週給35ドルぽっちの仕事をするか。まだつぶれていなければ、の話だが。社の連中はにやにや笑うことだろう。だがハリウッドに出かけて腕試しをしてみたらどうだ？　自分はやれると誰でも思うが…

信号待ちの間に、ジョーは通りの向かいに取り立て屋の車を見つける。

ジョー　　：やつらだ！

ジョーは顔を隠すため、車のサンバイザーを下ろすが、取り立て屋たちに気づかれる。信号が変わった途端、ジョーは急発進する。取り立て屋も急なUターンをし、ジョーを追ってくる。上り坂で、ジョーの車のタイヤの1本がパンクする。彼は道からそれ私道に入る。その後ろを取り立て屋の車が、ジョーに気づかずに通り過ぎる。

屋外／屋内－ノーマの邸宅－昼－取り立て屋たちが通り過ぎた後、ジョーはタイヤを調べるために車から降りる。しかしそこで荒れ果てた庭と建物に気づく。

■ **turn into**
ex. She turned her car into the beautiful riverside area.（彼女は車を美しい河畔地域に向けた）

■ **wrap up**
まとめあげ、仕上げて終わりにするということから来た表現。
ex. It took ten years for him to wrap up the project.（そのプロジェクトを終えるのに10年かかった）

■ **Ohio**
米国中西部地域の北東角に位置している州。オハイオとは、ネイティブアメリカンのイロコイ族の言葉で、「美しい川」「偉大な川」という意味。州都はコロンバス市。

■ **why don't you**
ex. Why don't you discuss the matter with him directly?（その件について直接彼と話し合ったらどうですか？）

■ **take a crack at Hollywood**
crackには「割れ目」「ひびが入って割れたりしたときの擬音」のほかに、「試してみること」「試行」という意味もある。ここではtake a crackで「試みる」となる。
ex. Let's take a crack at breaking the world record, shall we?（世界記録に挑戦してみようか？）

■ **traffic signal**
= traffic lights
交通信号は世界共通で、緑、黄、赤の3色で、横並びの信号の場合は中央線に近い所が赤色である。日本では緑と呼ばず、青と呼ぶのが一般的であるが、英語ではgreenである。

■ **sun visor**
乗り物のフロントガラスの上部に取りつけられる可動式のよけ板。自動車などの運転者の目に直射日光が入らないようにするために取りつけられる。車関係の英語は日本で呼ばれている表現と異なるものが多いが、サンバイザーは英語でも同じ呼び方。

■ **driveway**
道路から自宅の車庫までの私道、私有車道欧米では一般車道から各家の車庫に通じる私設道を指す。

JOSEPH : (v.o.) **I'd landed myself in the driveway of some big mansion that looked rundown and deserted. At the end of the drive was a lovely sight indeed. A great big empty garage, just standing there going to waste. If ever there was a place to stash away a limping car with a hot license number.**

land	到着する, たどり着く
deserted	人の住んでいない, さびれた
lovely sight	↻
indeed	実に, いかにも
empty	中身がない, 無人の
stash away	隠す ↻
limping	跛行

Joseph drives his car into the rundown garage. Stopping the car, he finds a large old car up on blocks in the garage.

JOSEPH : (v.o.) **There was another occupant in that garage. An enormous foreign-built automobile. It must've burned up ten gallons to a mile. It had a nineteen thirty two license. I figured that's when the owners had moved out. And I also figured I couldn't go back to my apartment now those bloodhounds were on to me. The idea was to get Artie Green's and stay there until I could make that bus for Ohio. Once back in Dayton, I'd drop the credit boys a picture postcard telling 'em where to pick up the jalopy.**

occupant	居住者, 現住者
enormous	巨大な, 膨大な
automobile	自動車
burn up	消費する, 燃焼する ↻
gallon	ガロン ↻
mile	マイル
I figure	思う, 想像する ↻
move out	引っ越す, 立ち退く ↻
bloodhounds	猟犬クラブ
Dayton	デイトン, デートン ↻
drop	(簡単な手紙を)書き送る
jalopy	ポンコツ車, おんぼろ自動車

Joseph walks out of the garage and walks around the outside of the mansion.

JOSEPH : (v.o.) **It was a great big white elephant of a place. The kind crazy movie people built in the crazy twenties. A neglected house gets an unhappy look. This one had it in spades. It was like that old woman in "Great Expectations", that Miss Havisham in her rotting wedding dress and her torn veil, taking it out on the world because she'd been given the go-by.**

It was a...a place	↻
neglected	ほっておかれた, 手入れされていない
spades	絶対に
rotting	ぼろぼろの
torn	破れた
veil	ベール
go-by	見て見ぬふりをすること, 無視

ジョー ：（画面外）どうやら大邸宅の私道にたどり着いたようだ。荒れ果てていて、誰も住んでいないらしい。ドライブの終着点は、実に好都合な場所だった。無駄に大きな空っぽの車庫がある。ここなら手配中のナンバーがついたポンコツ車を隠すのに最適だ。

ジョーは倒れそうな車庫に車を隠す。車を止めようとすると、車庫にもう1台大きな車があるのに気づく。

ジョー ：（画面外）その車庫にはもう1台お仲間がいた。桁外れにでかい外車。1マイル走るのに10ガロンのガソリンが必要だろう。ナンバーは1932年だ。持ち主が引っ越した年だろう。もう1つわかったことは、僕はもうあの追手の待つアパートには帰れない、ということだ。こうなったら、アーティ・グリーンに頼んで、オハイオまでのバス代ができるまで居候させてもらおう。デイトン社に帰ったら、取り立て屋たちに絵葉書でも出して、ポンコツ車の在りかを教えてやろう。

ジョーは車庫から出て、屋敷の外へ回っていく。

ジョー ：（画面外）それはまさに無用の長物だった。頭のおかしい映画人が熱狂の20年代に建てたのか。忘れ去られた屋敷は惨めさだけを残していた。見事な落ちぶれ方だ。「大いなる遺産」の老女のようだ。ウェディングドレスはぼろぼろになり、ベールも破れ、世間から忘れ去られてしまったミス・ハヴィシャムそのものだった。

■ **lovely sight**
lovely「愛らしい、素敵な」とsight「名所、場所」ということから「素晴らしい場所」となっている。

■ **stash away**
ex. She stashes away a lot of money at the bank.（彼女は大金をその銀行にため込んでいる）

■ **burn up**
ex. You can burn up to 350 more calories a day if you swim in the swimming pool every day.（毎日プールで泳げば、1日で最高350カロリー以上燃焼させることができるよ）

■ **gallon**
ガロンはヤード・ポンド法の容積の単位。ガロンにはいくつかの種類があるが、3.5〜4.5リットルの範囲内である。1ガロンは4クォート（quart）。8ガロンを1ブッシェル（bushel）、36（英）または42（米）ガロンを1バレル（barrel）という。

■ **I figure**
ex. Many people may figure that the case is a cinch, but it is not true.（多くの人々はその事例の解決は楽勝だと思うかも知れないが、本当はそうではない）

■ **move out**
ex. They suddenly moved out in the dead of night.（彼らは真夜中に急に引っ越した）

■ **Dayton**
米国オハイオ州西部にある町。マイアミバレーと呼ばれる地域の中心都市で、同州モンゴメリー郡の郡庁所在地である。ライト兄弟を生んだ土地としても有名。

■ **It was a great...of a place**
white elephantは「白い象」であるが、その語源は昔のタイである。タイでは白い象は神聖な動物であり、王に献上され、王だけがそれに乗ることができた。象は餌代が高くつくので、王は気に入らない家来にその白い象を与えた。白い象は、使うことも、乗ることも、また処分することも許されず、ただ餌代がかさむばかりでその家来は破産に追い込まれた。このことから、使い道がないのに維持費が高くつく厄介物、無用の長物を指すようになった。

While viewing the mansion from near the pool, NORMA DESMOND calls out to Joseph from behind some blinds upstairs.

NORMA	: (v.o.) **You there, why are you so late? Why have you kept me waiting so long?**	

At the entrance below, MAX the butler steps out onto the porch and gestures for Joseph to come inside.

MAX	: In here.	

Bewildered, Joseph walks to the door.

JOSEPH	: I just put my car in the garage. I had a blowout. I thought maybe this...
MAX	: Go on in.
JOSEPH	: Look, maybe I'd better take my car and get it off...
MAX	: Wipe your feet.

Max points to Joseph's feet. He wipes them on the mat.

MAX	: Go on.

Joseph steps inside. Max follows and closes the door behind them.

MAX	: You're not ah...properly dressed for the occasion.
JOSEPH	: What's the occasion?
NORMA	: (v.o.) **Have him come up, Max.**
MAX	: Up the stairs.
JOSEPH	: Suppose you listen to me for just a minute...
MAX	: Madame is waiting.
JOSEPH	: For me? OK.

Joseph runs up the stairs.

MAX	: If you need any help with the coffin, call me.

---

view 眺める, 見ること
call out 叫ぶ, 掛け声をかける
blind ブラインド, 日よけ

Why have you...so long ⊙

butler 執事 ⊙
porch ポーチ, 屋根付き玄関
gesture 身ぶり, 手ぶり

bewilder 戸惑う, ～を当惑させる

blowout パンク ⊙
go on in 中に入る

look (感嘆詞的に)ねえ, おい

wipe ふく

point 指さす

follow 後に続く

properly 適切に, 相応に
occasion 時, 場合

Have him come up ⊙
stair 階段
Suppose you...minute ⊙

Madame 奥様

coffin (遺体を入れる)ひつぎ
call me ⊙

ジョーがプールの近くから屋敷を眺めていると、ノーマ・デズモンドが上の階のブラインド越しにジョーを呼ぶ。

ノーマ ：（画面外）やっと来たわね。なぜこんなに遅れたの？　なぜこんなに長いこと待たせるのよ？

下の入口で、執事のマックスがポーチまで歩み出て、ジョーに中に入るように促す。

マックス ：こちらへ。

ジョーは戸惑いながらドアまで歩いていく。

ジョー ：車を車庫に入れただけです。タイヤがパンクしたので。てっきりこのお屋敷は…
マックス ：中へ入れ。
ジョー ：あの…車を出して、ここからすぐに…

マックス ：靴をふけ。

マックスはジョーの靴を指さす。ジョーはマットにこすりつけて靴をふく。

マックス ：入れ。

ジョーは中に入る。マックスは後についていき、ドアを閉める。

マックス ：おまえは、あー、時と場合を考えない服装だな。

ジョー ：どういう場合だ？
ノーマ ：（画面外）上へお通しなさい、マックス。
マックス ：2階へ上がれ。
ジョー ：ちょっと僕の話を聞いてくれませんか…

マックス ：奥様がお待ちだぞ。
ジョー ：僕を？　わかった。

ジョーは階段を駆け上がる。

マックス ：ひつぎを運ぶのに手助けがいるなら呼んでくれ。

■ Why have you...so long?
keep me waiting で、「私を待たせる」の意。Why には、「なぜ～なの？」という理由を尋ねるだけでなく、「一体なぜ～なのか？、～なんてありえない」という反語の意を表現することもあるので使用するときには要注意。
ex. Why did you come to Japan?(どうして日本なんかに来たのよ？　来なくてもいいのに)
cf. What did you come to Japan for?(どのような理由で日本に来られたのですか？)

■ butler
欧米の使用人を指す。単語の語源は古代フランス語で bottles（ワインなどのビン）の管理をする召使の長の意。

■ blowout
車などのタイヤがパンクしたときの表現。ほかに I got a flat tire. という表現もある。

■ Have him come up
have は使役動詞であるが、make よりも弱い表現である。「have ＋目的語(人)＋原型不定詞」で「～させる」という意味になる
ex. I will have my secretary help your work.(私の秘書にあなたの仕事を手伝わせましょう)

■ Suppose you listen...a minute
ここでの Suppose は「もし～だったらどうだろう、～してはどうだろう、～しよう」という意味の表現である。
ex. Suppose she hadn't committed a crime at that night?(彼女がその夜犯罪を犯していないとしたらどうなっていたでしょう？)

■ call me
ここでは「声をかける」「呼ぶ」という意味。Call me は別に電話するという意味でも使われる。

Joseph pauses hearing Max's offer. He cautiously continues on, looking in to a side room. Norma calls out from the opposite direction.

NORMA : (v.o.) This way.

Norma stands in doorway wearing a long dark gown and dark glasses.

NORMA : In here.

Norma shows Joseph into the room and leads him up to a body covered into a cloth.

NORMA : I put him on my massage table in front of the fire. He always liked fires and poking at them with a stick. I've made up my mind we'll bury him in the garden. Any city laws against that?
JOSEPH : I wouldn't know.
NORMA : I don't care, anyway. I want the coffin to be white and I want it specially lined with satin, white or deep pink.

Norma lifts up the cloth. A chimpanzee's arm falls down.

NORMA : Maybe red, bright, flaming red. Let's make it gay.

She pulls back the cloth to reveal its face.

NORMA : How much will it be? I warn you. Don't give me a fancy price just because I'm rich.

JOSEPH : Lady, you've got the wrong man. I... I had some trouble with my car, a flat tire. I pulled in to your garage until I could get a spare. I thought this was an empty house.
NORMA : It is not. Get out.

Joseph backs to the door, but stops part way.

ジョーは、マックスの申し出を聞いて立ち止まる。用心しつつ歩き続け、横の部屋をのぞき込む。ノーマが、その反対側から呼びかける。

ノーマ　　：（画面外）こっちよ。

黒のロングガウンを着て、サングラスをかけたノーマが、部屋の入り口に立っている。

ノーマ　　：この中よ。

ノーマはジョーを部屋に案内し、布で覆われた体の近くへ呼び寄せる。

ノーマ　　：暖炉のそばのマッサージ台に寝かせたの。あの子、火が好きだったから、いつも棒でつついていたのよ。私、彼を庭に埋葬することにしたわ。禁じてる法律って、あったかしら？

ジョー　　：知りませんよ。

ノーマ　　：どうだっていいわ。おひつぎは白がいいわね。中に、特製のサテンを敷いてちょうだい。白か濃いピンク色で。

ノーマが布を持ち上げる。チンパンジーの腕が垂れ下がる。

ノーマ　　：そうね、赤よ。明るくて、燃えるような赤。派手なのにしましょう。

彼女は、布を引き下げてチンパンジーの顔を見せる。

ノーマ　　：おいくらかしら？　言っておきますけどね、私が金持ちだからと言ってべらぼうな値段を吹っかけたりしないで。

ジョー　　：奥さん、人違いですよ。僕の…車が故障したんです、パンクして。スペアが手に入るまで、ガレージに入れさせていただこうと。ここは空き家だと思ったものですから。

ノーマ　　：違うわよ。出ていきなさい。

ジョーは後ろ向きでドアへ戻るが、途中で止まる。

■ **This way.**
「こっちに，こちらの方へ」
ここでは、上記の意味で、相手を案内する際の決まり文句。Will/Would you come this way, please?（または This way, please.）「こちらへどうぞ」のように用いられるが、今回の This way. や This way, please. の文末では、抑揚を下げて言う。

■ **dark**
dark は「暗い」という意のほかに「黒っぽい」という意味がある。黒い目を black eye という表現を使うと「黒あざのある目」という意味にもなるので注意。dark は目だけでなく、髪の毛、肌の色にも使用する。

■ **lead him up to**
「lead + O + to...」で「Oを～へ導く」という意味。

■ **make up one's mind**
直訳すると、「心を作り上げる」という意味。後に「about +（名詞）」をつなげると「～について決心する」、「to +（動詞の原形）」は「～することを決心する」の意。

■ **satin**
絹、レーヨン、ポリエステルなどを、縦糸と横糸が交差する点が少ない繻子織りで織ったもの。表面は強い光沢があり裏面はくすんでいる。華麗な印象を与える織物であるが引っかかりなどに弱いという欠点がある。また繻子織りでも、綿製品は sateen と呼ばれる。

■ **Let's make it gay**
「make + 目的語 + 形容詞」の形で「～を～させる」、「～がーされる」の意になる。最後の形容詞 gay を辞書で調べると、現代英語では、「同性愛の」という用法が第1項目に上がっている。しかし、この映画が製作された時代の用法では、「陽気な」「快活な」という意味なので、注意が必要。

■ **flat tire**
「パンクして、平べったくなってしまったタイヤ」を指す。可算名詞なので、例えば、自動車の前輪が2つともパンクした場合は、I have got two flat tires. と表現する。ちなみに、日本語の「パンク」は、英語の punctured「穴が開いた」「破裂した」という形容詞から名詞に転用されたものと思われる。

■ **get out**
この場面では、Get out of here. とも言える。また、「そんなバカな！」という意味で使うこともあり、その際は語気を強くして「信じられない」という感じで言う。

JOSEPH	: I'm sorry. And I'm sorry you lost your friend. And I don't think red is the right color. Wait a minute. Haven't I seen you before? I know your face.	I'm sorry ◎
NORMA	: Get out, or shall I call my servant?	servant 使用人, 召使い
JOSEPH	: You're Norma Desmond. You used to be in silent pictures. You used to be big.	used to 以前は～だった silent pictures 無声映画 ◎
NORMA	: I am big. It's the pictures that got small.	
JOSEPH	: Ah huh. I knew there was something wrong with them.	
NORMA	: They're dead, they're finished. There was a time in this business when they had the eyes of the whole wide world. But that wasn't good enough for them. Oh, no. They had to have the ears of the world, too. So they opened their big mouths and out came talk, talk, talk!	whole wide world 世界中を, 世界中に They had...too ◎
JOSEPH	: That's where the popcorn business comes in. Buy yourself a bag and plug your ears.	plug one's ears ～の耳をふさぐ, 耳栓をする
NORMA	: Look at them in the front offices, the masterminds! They took the idols and smashed them! The Fairbanks's, the Gilberts, the Valentinos! And who've we got now? Some nobody.	look at ～を見る front office （企業などの組織の）本部 ◎ masterminds （計画などの）黒幕 smashed 破壊された, 強打された Fairbanks's フェアバンクス ◎ Valentino ヴァレンチノ ◎
JOSEPH	: Don't blame me. I... I'm not an executive, just a writer.	blame 責める, 非難する executive 会社などの重役
NORMA	: You are? Writing words, words, more words. Well, you've made a rope of words and strangled this business. Ha, ha. But there's a microphone right there to catch the last gurgles, and Technicolor to photograph the red swollen tongue.	rope （人）を丸め込む, うまく言いくるめる strangled のどを締められたような, 押し殺したような microphone マイク gurgle のどを鳴らす Technicolor テクニカラー ◎ swollen 大げさな, 高慢な, 思い上がった
JOSEPH	: Sh! You'll wake up the monkey.	
NORMA	: Get out! Max.	

ジョー	:	すみません。それから、お友達を亡くされてご愁傷様でした。それと、赤はあまりいい色ではないと思いますよ。待てよ。以前お会いしませんでしたか？ お顔に、見覚えがありますよ。
ノーマ	:	出てお行き。執事を呼ぶわよ。
ジョー	:	ノーマ・デズモンドさんですよね。昔、無声映画に出ていらした。かつての大スター。
ノーマ	:	私は今も大物よ。映画の方よ、小さくなったのは。
ジョー	:	やっぱり。映画はどうかしてるってのは、わかってましたよ。
ノーマ	:	映画は死んでしまったわ。終わったのよ。この業界では、世界中の注目を集めてたこともあった。でも、それだけじゃ物足りなかったのよ。まったく。世界中の耳まで手に入れないと気が済まなくなったの。だから、映画は大口を開けて、出てくるのと言えばもうお喋りばっかり！
ジョー	:	そこで、ポップコーン屋の出番ですよ。一袋買って、耳をふさいでりゃあいいでしょう。
ノーマ	:	映画会社のやつらを見てごらんなさいよ、あの黒幕どもが！ アイドルを作り出しては破滅させた！ フェアバンクスに、ギルバート、それにヴァレンチノも！ そして今、誰がいるって言うの？ まったくどうして、くだらない雑魚ばっかり。
ジョー	:	僕を責めないでくださいよ。僕は…お偉いさんなんかじゃなくて、ただの作家なんですから。
ノーマ	:	そうなの？ 言葉をこれでもかと並べ立てて。あんたたちは言葉でロープを作って、この業界の首を絞めてきたのよ。ふふん。でも、マイクはのどが鳴る音まで拾うし、テクニカラーは腫れた舌の赤い色まで映し出しちゃって。
ジョー	:	シーっ！ 猿が起きてしまいますよ。
ノーマ	:	出てお行き！ マックス。

■ I'm sorry
このセリフで2度登場しているI'm sorry.には、2つのニュアンスがある。前者では「ごめんなさい」「申し訳ありません」という「謝罪」の意を表すのに対し、後者では「残念です」「お気の毒です」のような「同情」や「哀悼」を表現する。また、これらの感情の対象には、前者はI'm sorry about that.(その件は失礼しました)、後者はI'm sorry for her.(彼女、気の毒に)と、異なった前置詞を用いる点に注意。

■ used to
過去の状態を表す助動詞の一種。あくまで、過去の状態を述べているだけなので、現在は違うということが前提である。

■ silent pictures
映像のみで、セリフや音響のないことから無声映画またはサイレント映画と呼ばれた。映像と音声が同期した映画であるトーキーの出現とともに、1930年代初めには衰退した。

■ They had to...world, too
Theyとは映画のことで、映画は世界の注目を集めるだけでなく、世界中の人々が映画に対してどのように感じ、思っているかを表現する場にもなってしまったと嘆いている。

■ front office
ここでは、この後に映画会社の方針に対する、ノーマの痛烈な怒りが続くことから考えて、「(映画ファンの生の声を無視した)現場を知らないお偉方が集まる所」のようなニュアンス。

■ Fairbanks's
サイレント映画時代に、豪快な剣戟アクションで一世を風靡した、アメリカ人男優ダグラス・フェアバンクス(Douglas Fairbanks, 1883 - 1939)のこと。

■ Valentino
ルドルフ・ヴァレンチノ(Rudolph Valentino)。イタリア出身の映画俳優(1895 - 1926)。ニューヨークに渡り、ボールルーム・ダンサーとして仕事を得て、タンゴの名手として有名になり、ハリウッドに移ってからはサイレント映画で活躍した。

■ Technicolor
テクニカラー映画社が開発したカラー映画技術。1922～1952年までハリウッドで最も多く使用されたが、1952年以降はドイツのアグファ社とアメリカのイーストマン・コダック社が開発したカラー・フィルムに取って代わられた。

JOSEPH	: Next time I'll bring my autograph album along. Or maybe a hunk of cement and ask for your footprint.	I'll bring my...album along ↻ autograph サイン, 自筆 a hunk of... 大量の〜, 結構な量の〜 cement セメント footprint 足型

Joseph runs down the stairs and meets Max. Norma calls down to Joseph from the top of the stairs. Norma comes down to Joseph.

JOSEPH	: It's OK, OK. I'm going.	
NORMA	: Just a minute, you. You're a writer, you said.	
JOSEPH	: Why?	
NORMA	: Are you or aren't you?	
JOSEPH	: That's what it says on my Guild card.	guild 組合, 同業の組合, 商人団体 ↻
NORMA	: And you have written pictures, haven't you?	
JOSEPH	: Sure have. Want a list of my credits?	
NORMA	: I want to ask you something. Come in here.	
JOSEPH	: Last one I wrote was about Okies in the Dust Bowl. You'd never know it because when it reached the screen the whole thing played on a torpedo boat.	Okies （古俗・軽蔑的）オクラホマ人 ↻ (the) Dust Bowl ダスト・ボウル ↻ reach 達する torpedo boat 魚雷艇

Norma shows Joseph into a lounge. Sounds from wind flowing through pipe organ pipes can be heard.

JOSEPH	: Intimate, isn't it?	intimate 親友 ↻
NORMA	: The wind gets in that blasted pipe organ. I ought to have it taken out.	blasted しなびた, しおれた ought to 〜すべきである ↻ take out 撤去する, 取り出す tune 調律する
JOSEPH	: Or teach it a better tune.	
NORMA	: Young man, tell me something. How long is a movie script these days? I mean, how many pages?	I mean というか, つまり
JOSEPH	: Depends on what it is, a "Donald Duck" or a "Joan of Arc."	depend on 〜による Donald Duck ドナルドダック ↻ Joan of Arc ジャンヌ・ダルク ↻

On the desk in front of Norma are tied bundles of paper.

NORMA	: This is to be a very important picture. I've written it myself. Took me years.	

ジョー	：今度は、サイン帳を持って伺いますから。それとも、セメントも持ってきて足型をお願いするかも。

ジョーは階段を駆け下り、マックスと出くわす。ノーマは、階段のてっぺんからジョーに呼びかける。ノーマは、ジョーの所へ下りてくる。

ジョー	：いいんだ、いいんだ。帰るよ。
ノーマ	：ちょっとお待ちなさい、あんた。作家だって言ってたわよね。
ジョー	：なぜです？
ノーマ	：作家なの？　作家じゃないの？
ジョー	：映画の組合員証には、そう書いてありますけど。
ノーマ	：それで、映画を書いた経験、あるわよね？
ジョー	：もちろん、ありますよ。クレジット名前が出た作品のリスト、いります？
ノーマ	：お願いしたいことがあるの。いらっしゃい。
ジョー	：この前書いたのは、ダスト・ボウルのときのオクラホマの連中に関するものですよ。ご存知なわけないでしょうけどね。いざ上映されてみたら、跡形もなく変えられてしまってましたから。

ノーマは、ジョーをラウンジへ案内する。パイプオルガンのパイプを吹き抜ける、風の音が聞こえる。

ジョー	：落ち着ける部屋ですね。
ノーマ	：あのしなびたオルガンを、風が吹き抜けるのよ。撤去してもらわないと。
ジョー	：または、もっと腕のいい調律をしてもらっては。
ノーマ	：あなた、教えてちょうだい。映画の脚本の長さって、このごろはどのくらいなの？　何ページくらい？
ジョー	：それが何なのかによりますね。『ドナルド・ダック』なのか、『ジャンヌ・ダルク』なのか。

ノーマの前にある机には、ひもでくくられた書類が何束もある。

ノーマ	：この脚本、名作映画になるはずなの。私が書いたのよ。何年もかかって。

■ I'll bring my autograph album along
bring alongは「(物を)目的地へ携えて持っていく」または「(人を)目的地に連れていく」の意。
ex. I always bring my camera along with me whenever I travel.(旅行をするときはいつもカメラを携行する)

■ guild
中世から近世にヨーロッパ諸都市において商工業者の間で結成された各種の職業別組合。

■ Okies
1930年代の言葉で、オクラホマ州からの出稼ぎ労働者を指した。

■ (the) Dust Bowl
1930年代に砂塵嵐の被害を受けた米国中南部の大草原地帯を指す。

■ intimate
ここでは「場所などがくつろげる、隠れ家のような」の意である。「親友」という意味もあるが、性的な関係を持った関係を連想させることもあるので注意。

■ ought to
ex. You ought to use an English dictionary when you write an English essay.(英語のエッセーを書くときは英語の辞書を使うべきである)

■ Donald Duck
ディズニーアニメのキャラクターで、水兵服を着たアヒル。恋人はデイジーダック。1930年代から1950年代のディズニー短編映画で主人公を務める。

■ Joan of Arc
英語表記は Joan of Arcであるが、フランス標記は Jeanne d'Arcでジャンヌ・ダルクとなる。1412年ごろフランスのロレーヌ地方で農家の娘として生まれるが、1425年に神の啓示を受け、100年戦争時にオルレアンを英国の包囲から解放した英雄。ところが、1430年にブルゴーニュで英国軍に捕らえられ、火あぶりの刑に処せられた。

JOSEPH	: Looks like enough for six important pictures.	
NORMA	: It's a story of Salome. I think I'll have DeMille direct it.	Salome サロメ ↻ DeMille デミル ↻ direct 監督する
JOSEPH	: DeMille? Ah, huh.	
NORMA	: We made a lot of pictures together.	
JOSEPH	: And you'll play Salome.	
NORMA	: Who else?	
JOSEPH	: Only asking. I didn't know you were planning a comeback.	comeback 再起, 復活
NORMA	: I hate that word. It's a return. A return to the millions of people who've never forgiven me for deserting the screen.	return 復帰, 再来 forgive 許す desert (人)を見捨てる fair enough 十分に公平な, 同意するよ
JOSEPH	: Fair enough.	
NORMA	: Salome. What a woman. What a part. The princess in love with a holy man. She dances the dance of the seven veils. He rejects her, so she demands his head on a golden tray. Kissing his cold, dead lips.	holy man 聖職者 reject 拒絶する, 拒む demand 要求する, 求める head on 真正面(から)の
JOSEPH	: They'll love it in Pomona.	Pomona ポモナ ↻
NORMA	: They'll love it everyplace. Read it.	

Norma hands Joseph some pages of the script.

NORMA	: Read the scene just before she has him killed.	scene シーン, 場面
JOSEPH	: Never let another writer read your material. He may steal it.	steal 盗む
NORMA	: I'm not afraid. Read it. Max! Bring something to drink. Sit down. Is there enough light?	
JOSEPH	: I've got twenty-twenty vision.	I've got...vision ↻
NORMA	: I said, sit down.	

Joseph sits down and reads the script.

JOSEPH	: (V.O.) Well, I had no pressing engagement.	pressing engagement 差し迫った, 急を要する

ジョー	:	名作が、ゆうに6本分は撮れそうな感じですよ。
ノーマ	:	『サロメ』の物語よ。デミルさんに監督してもらうの。
ジョー	:	デミルさん？ なるほど。
ノーマ	:	一緒に何本も映画を撮ったのよ。
ジョー	:	それで、あなたがサロメ役を？
ノーマ	:	ほかに誰がいるって言うの？
ジョー	:	ただ伺っただけですよ。再起を図っていらしたとは、存じなかったので。
ノーマ	:	その言葉、嫌いよ。「復帰」するのよ。銀幕を去ることを許してくださらない、大勢の皆さんの前に復帰するの。
ジョー	:	ごもっともで。
ノーマ	:	サロメ。何て素敵な女性。何て素晴らしい役かしら。聖者と恋に落ちるお姫様よ。「7枚のベールの踊り」を踊るの。聖者は彼女を拒絶する、それで彼女は彼の首をはねて黄金のお盆に載せるよう要求する。そして、死んで冷たくなった彼の唇に、接吻するの。
ジョー	:	ポモナでは、受けるでしょうね。
ノーマ	:	どこでも受けるわよ。読んで。

ノーマは、脚本を何ページ分かジョーに手渡す。

ノーマ	:	彼を殺させる直前のシーンを読んでご覧なさい。
ジョー	:	ご自分の作品を、ほかの脚本家に読ませては絶対にいけませんよ。盗作するかも知れない。
ノーマ	:	私は心配してないわ。読んでちょうだい。マックス！ 何かお飲物をお持ちして。お掛けなさい。明かりは十分かしら？
ジョー	:	視力は両目とも1.0ですから。
ノーマ	:	言ったでしょ、お掛けなさい。

ジョーは腰を掛けて、脚本を読む。

ジョー	:	(画面外)僕は、急を要する予定は何もなかった。

■ Salome
サロメという名の人物はたくさん存在する。紀元前1世紀のユダヤの女王、ヘロデ大王の姉妹、イエスの弟子など。ここで語られているサロメは、祝宴での舞踏の褒美としてヘロデ・アンティパスに「好きなものを求めよ」と言われ、洗礼者ヨハネの斬首を求めた新約聖書に登場する女性である。

■ DeMille
= Cecil Blount DeMille
アメリカ合衆国の映画監督(1881-1959)。20世紀前半の映画創成期に最も成功した映画監督・プロデューサーの一人。ハリウッドで活躍し、制作費に糸目をつけない豪華主義を貫いた。その出立ちは本編でも見られるように乗馬用のブーツを履き、側近を従えており、そのためパラマウントスタジオは「デミル王国」と呼ばれた。代表作はアカデミー賞受賞作品『地上最大のショウ』(The Greatest Show on Earth, 1952)、『十誡』(The Ten Commandments, 1923)、およびそのリメイク作品である『十戒』(The Ten Commandments, 1956)。

■ Pomona
カリフォルニア州南部・ロサンゼルス郡に位置する、人口約16万人弱の都市。ここでは、映画の都・ハリウッドに対して、いわゆる「地方」「田舎」「街外れ」の代名詞として登場しているものと思われる。

■ I've got twenty-twenty vision
I've got = I have
have gotは現在形で使用する。過去形はhadを使用して、had gotとはならないことに注意。twenty-twenty visionとは、20フィート離れたところから1/3インチの文字が識別できる視力をいう。日本でいう視力1.0のこと。

JOSEPH : (V.O.) **Except with those boys from the finance office. And she'd mentioned something to drink. Why not? Sometimes it's interesting to see just how bad, bad writing can be. This promised to go the limit. I wondered what a handwriting expert would make of that childish scrawl of hers?**

Max pushes a trolley of champagne and caviar to Norma and Joseph.

JOSEPH : (V.O.) **Max wheeled in some champagne and some caviar. Later I found out that Max was the only other person in that grim Sunset castle. And I found out a few other things about him. As for her, she sat coiled up like a watch-spring, her cigarette clamped in a curious holder. I could sense her eyes on me through those dark glasses, defying me not to like what I read, or maybe begging me in her own proud way to like it. It meant so much to her. It sure was a cosy set-up. That bundle of raw nerves and Max and a dead monkey upstairs, and the wind wheezing through that organ once in a while.**

INT. NORMA'S MANSION - NIGHT - The door chime rings. Max goes to the door to answer it. A man stands with a child-size white coffin.

JOSEPH : (V.O.) **Later on, just for comedy relief, the real guy arrived with the baby coffin. It was all done with great dignity. He must have been a very important chimp. The great-grandson of King Kong maybe.**

---

mention ～に言及する, ～を口にする
Why not ☉

This promised...limit ☉

wonder 不思議に思う, 疑問に思う
handwriting expert 筆跡鑑定家 ☉
childish 子どもみたいな, 子どもっぽい
scrawl 走り書き, 殴り書き
trolley 台車, ワゴン
champagne シャンパン
caviar キャビア

wheel 動かす, 押す

grim 気味の悪い, 恐ろしい

coil up とぐろを巻く

watch-spring 時計のバネ

clamp ～をクランプで締める, 固定する
sense ～を感知する, (直感的に)～を理解する
defy 挑発する, 挑戦する
proud 誇りに思う
meant ひきょうな, 卑劣な, 意地悪な
cosy 楽しい, 落ち着いた
set-up お膳立て
raw 生の, 加工していない
wheez through 息を切らす ☉
once in a while ときどき, たまに

comedy relief ☉

dignity 威厳, 尊厳, 重々しさ
chimp (動物)チンパンジー
great grandson ひ孫
King Kong キングコング ☉

ジョー　　：（画面外）金融会社のやつら以外には。それに、彼女は飲み物がどうのと言ってたな。ちょうどいい。出来の悪い脚本というのがどういうものか、見てみるのもたまにはいいだろう。こうなったら、やれるところまでやってみるか。彼女の子どもみたいな汚い字を見たら、筆跡鑑定士はどんな結論を出すことやら。

マックスは、シャンパンとキャビアを載せたワゴンを、ジョーとノーマの元へ運んでくる。

ジョー　　：（画面外）マックスが、シャンパンとキャビアを運んできてくれた。不気味な「サンセット城」に住むのは、ほかにはマックスただ1人だということを、後になって知った。そして、彼に関することも、ほかにいくつかわかった。彼女の方はと言うと、腕時計のバネみたいにとぐろを巻いたように微動だにせず、タバコは妙なホルダーに挟まれていた。脚本をけなしてくれるなと言わんばかりの、あるいはプライド高い彼女なりに懇願するような視線が、サングラスを通して僕に注がれているのを感じた。彼女には、極めて重大なことだったのだ。何とも実に、落ち着かないお膳立てだった。この神経むき出しのような女にマックス、2階には猿の死体、そしてたまに風でボーボーと鳴る、例のオルガン。

屋内－ノーマの邸宅－夜－玄関のチャイムが鳴る。マックスが玄関に行き、応対する。1人の男が、小児サイズの白いかんおけを手に立っている。

ジョー　　：（画面外）やがて、ちょうど息抜き代わりに、本物の葬儀屋が、ちっぽけなかんおけを持って到着した。何もかも大変な厳粛さでもって執り行われた。あいつは、とても大事なチンパンジーだったに違いない。もしかすると、キングコングのひ孫だったりして。

■ Why not?
「なぜしないの？」「いいじゃないか」など、相手の依頼や申し出などに応じるときに使用する表現。

■ This promised to go the limit
Go the limit は「とことんまでやる」「徹底的にやる」という意味。
ex. Let's go the limit though we have no time to the time limit.（タイムリミットまで時間がないけど、とことんまでやってみよう）

■ handwriting expert
= graphologist
犯罪鑑識を行う専門家のこと。筆跡と性格の関係を研究する筆跡学や古文書学から発展したもので、脅迫文書や偽造文書の筆跡から配字形態、筆勢、筆圧、筆順、字画形態などの多くの特性を比較対照して犯人を探し出すことができる。

■ wheez through
ここでは人ではなく、風によってボーボーと音が鳴る状態を表現している。

■ comedy relief
comic relief とも言う。緊迫した、あるいはシリアスな場面などにおいて、その途中に挿入される、コミカルなシーンややり取りのこと。ここでは、「長くてつまらない脚本を、無理矢理読まされているジョーにとっての、ちょっとした緊張の緩和」のような意味か。日本語での「コメディ・リリーフ」のような役柄を演じる喜劇俳優や、コメディアンを指す色合いが強い。

■ King Kong
1933年から米国で製作されている特撮映画の中に登場する巨大なゴリラ。

JOSEPH	: (v.o.) It got to be eleven, and I was feeling a little sick at my stomach, what with that sweet champagne and that tripe I'd been reading, that silly hodgepodge of melodramatic plots. However, by then, I'd started concocting a little plot of my own.	**what with A and B**　AやらBやらで ◐ **tripe**　くだらない話，つまらない話 **silly**　ばかばかしい，くだらない **hodgepodge**　(米話)(順序などに規則性のない)ごちゃ混ぜ **melodramatic**　メロドラマ的な，メロドラマ風の **concoct**　～を混ぜ合わせて作る，作り上げる

Joseph puts the pages down and takes his glass of champagne.

NORMA	: Well?	
JOSEPH	: This is fascinating.	**fascinating**　魅惑的な，うっとりさせる
NORMA	: Of course it is.	
JOSEPH	: Maybe it's a little long and maybe there's some repetitious, but you're not a professional writer.	**repetitious**　単調な，繰り返しの **professional**　専門家
NORMA	: I wrote that with my heart.	
JOSEPH	: Sure you did. That's what makes it great. What it needs is a...maybe a little more dialogue.	
NORMA	: What for? I can say anything I want with my eyes.	**What for** ◐ **I can say...my eyes** ◐
JOSEPH	: Well, it certainly could use a pair of shears and a blue pencil.	**certainly**　確かに，その通り **shear**　大ばさみ，刈り取り器，植木ばさみ ◐ **blue pencil**　青鉛筆(での校正)，削除
NORMA	: I will not have it butchered.	**butcher**　～を台無しにする **Course not** **organize**　整理する，まとめる **editing**　編集
JOSEPH	: Course not. But it ought to be organized. Just an editing job. You can find somebody.	
NORMA	: Who? I'd have to have somebody I could trust. When were you born? I mean, what sign of the zodiac?	**trust**　信用する，信頼する **zodiac**　占星術の十二宮 ◐
JOSEPH	: I don't know.	
NORMA	: What month?	
JOSEPH	: December, twenty first.	
NORMA	: Sagittarius. I like Sagittarians, you can trust them.	**Sagittarius**　(星座)いて座
JOSEPH	: Thank you.	
NORMA	: I want you to do this work.	

ジョー	:	(画面外) 夜の11時になり、僕は胃がちょっとムカムカしていた。あの甘ったるいシャンパンやら、ずっと読んでいたつまらない話、それにメロドラマの筋書きのくだらん寄せ集めやらのせいだ。だが、そのころには、僕はちょっとしたある筋書きを、自分でも1つ考え始めていた。

■ What with A and B
ex. What with fixing my car and cleaning it, I didn't have time to relax this weekend.（車の修理やら、洗車やらで、週末はゆっくりできなかった）

ジョーは原稿を置いて、シャンパンのグラスを手にする。

ノーマ	:	いかが？
ジョー	:	興味深いですね。
ノーマ	:	もちろんよ。
ジョー	:	もしかすると、ちょっと長くて、同じことの繰り返しもあるかも知れませんけど、あなたはプロの作家というわけではないですしね。
ノーマ	:	私は、心でそれを書いたのよ。
ジョー	:	そうでしょうね。だからすごくいいんですよ。必要なのは…もうちょっとセリフを多くすることかな。
ノーマ	:	どうしてよ？ 自分の言いたいことは、全部目で語れるわ。
ジョー	:	あの、少しカットしたり、書き直してみるといいかも知れないですよ。
ノーマ	:	滅茶苦茶にはさせないわよ。
ジョー	:	もちろんしませんよ。ですが、それは整理されなければなりません。単に編集するだけですけど。誰かを見つけてね。
ノーマ	:	誰をよ？ 私が信用できる人がいないとだめ。あなた、生まれはいつ？ つまり、何座？
ジョー	:	存じません。
ノーマ	:	何月生まれ？
ジョー	:	12月です。21日。
ノーマ	:	射手座ね。射手座はいいわね。射手座は信用できるのよ。
ジョー	:	どうも。
ノーマ	:	あなたに、この仕事をやってほしいわ。

■ What for?
「何のために？、何の目的で？」の意で、Why? や How come? とも似ているが、What for? は目的を尋ねているのが特徴である。What と for の間に文が入る使い方もある。
ex. What did you come here for?（あなたは何のためにここに来たのですか？）

■ I can say anything…with my eyes
ジョーが、脚本を書き換えているときに、セリフを多くした方がいいと言ったことに対して、ノーマが、反論して「表現したいことは全部目でやれるわ」と言っている。

■ shear
本来は、「特定の用途に使う大きなはさみ」のことを指すが、日本語でも「はさみを入れる」ことを「不要な箇所をカットして編集する」という用法で用いるのと同じ意味と思われる。

■ Course not
Of course not. の省略形。強勢が course に来るために、Of はほとんど聞こえてこないこともあるので、このように省略した表記もよく見られる。

■ zodiac
Aries（おひつじ座）3月21日～4月20日、Taurus（おうし座）4月21日～5月21日、Gemini（ふたご座）5月22日～6月21日、Cancer（かに座）6月22日～7月22日、Leo（しし座）7月23日～8月23日、Virgo（おとめ座）8月24日～9月22日、Libra（てんびん座）9月23日～10月22日、Scorpio（さそり座）10月23日～11月22日、Sagittarius（いて座）11月23日～12月21日、Capricornus（やぎ座）12月22日～1月20日、Aquarius（みずがめ座）1月21日～2月19日、Pisces（うお座）2月20日～3月20日。

53

JOSEPH	: Me? Ho... I'm busy. I just finished a script and I'm doing another assignment.	script 原稿
NORMA	: I don't care.	
JOSEPH	: You know, I'm ah...pretty expensive. I get five hundred a week.	you know あのね、いいかい ✿ expensive （値段が）高い、高くつく
NORMA	: I wouldn't worry about money. I'll make it worth your while.	I'll make...while ✿ worth ～相当の、～相当量の
JOSEPH	: Maybe I better take the rest of the script home and read it.	rest 残り、残っているもの
NORMA	: Oh, no. I could never let it out of my house. You have to finish it here.	
JOSEPH	: Well, it's getting kind of late.	
NORMA	: Are you married, Mr....?	
JOSEPH	: The name is Gillis. Single.	single 独身 ✿
NORMA	: Where do you live?	
JOSEPH	: Hollywood. Alto Nido apartments.	
NORMA	: Is something wrong with your car, you said?	
JOSEPH	: There sure is.	
NORMA	: Why shouldn't you stay here?	
JOSEPH	: Look, I'll come back early tomorrow.	early 朝早く、早朝に
NORMA	: Nonsense. There's a room over the garage. Max will take you there. Max!	nonsense ばかな、ばかげている ✿

Max leads Joseph to the room above the garage.

JOSEPH	: (v.o.) I felt kind of pleased with the way I'd handled the situation. I dropped the hook, and she snapped at it. Now my car would be safe down below while I did a patch-up job on the script. And there should be plenty of money in it.	kind of ✿ please 人を満足させる、気に入る the way...situation ✿ handle うまく処置する hook わな snap パクッとかみつく patch-up 修復、修理 plenty of たくさんの、さまざまの ✿

Max screws on the light to show Joseph the room.

screw （ねじなどの）一ひねり、1回転

MAX	: This room hasn't been used for a long time.

ジョー	:	僕が？ いや…僕は忙しいんで。脚本を1つ仕上げたばかりだし、ほかの仕事をやってるところでしてね。
ノーマ	:	私には関係ないわ。
ジョー	:	あのね、僕は、あの…高いですよ。週給500ドルもらってます。
ノーマ	:	お金は心配してないわ。お礼はするわよ。
ジョー	:	残りの脚本は、持って帰って家で読んだ方がいいかもしれません。
ノーマ	:	だめ。屋敷からは、一歩も出さないわよ。ここで完成させてちょうだい。
ジョー	:	いや、もう夜も遅いですよ。
ノーマ	:	あなた、ご結婚は？ ええと…
ジョー	:	ギリスです。独身ですよ。
ノーマ	:	お住まいは？
ジョー	:	ハリウッドですよ。アルト・ニド・アパート。
ノーマ	:	車が故障だとか言ってたわよね？
ジョー	:	確かに、故障してますよ。
ノーマ	:	ここに泊まった方がいいんじゃないの？
ジョー	:	あの、明日朝早くまた来ますから。
ノーマ	:	何言ってるの。ガレージの上に、部屋があるわ。マックスに案内させるから。マックス！

マックスは、ガレージ真上のその部屋へジョーを案内する。

ジョー	:	(画面外) 僕は、状況を処理した自分のやり方に、いささか満足だった。わなを仕掛けたら、女は食いついた。これで、脚本の継ぎはぎ仕事をしている間は、下にある車は安全だ。それに、金だってたんまりもらえるはずだ。

マックスはライトを回して明かりをつけ、ジョーに部屋を見せる。

マックス	:	この部屋は、もう長いこと使われておりませんでして。

■ you know
相手の理解を求めたり、再確認したりするときに用いる表現。

■ I'll make it worth your while
「お礼はするから」の意。「make +(人・物) +[状態]」で、「( )を[ ]にする」のパターンに、worth while「(時間・労力・金などを費やす、注ぎ込むだけの)価値がある」が組み合わさった形。

■ single
ex. "Are you single?" "No, I'm married."
(「独身？」「いや、結婚してるよ」)

■ nonsense
「そんなバカな！」「くだらない！」という間投詞。相手の発言を一笑に付す場合に、語気を強めたりあきれた感情を込めて用いるが、TPOを考慮するのを忘れずに。

■ kind of
《口語》で「ちょっと、ある程度、やや、多少、何だか、いくらか、どちらかといえば、いわば、まあ、〜とか」などに相当し、断定を避けて曖昧にする働きがある。同意の表現として、sort of がある。ただし、「a kind of +(名詞)」は「( )の一種、( )みたいなもの」の意になるので注意。
ex. The movie I watched last night was kind of boring.(昨夜観た映画は、ちょっと退屈だった)

■ the way I'd handled the situation
「the way +(主語)+[動詞]」で、「( )が[ ]する方法、やり方」。この way は「道」ではない点に注意。
ex. Everyone liked the way she talked. (みんな、彼女の話し方が好きだった)

■ plenty of
= a lot of; lots of
a lot of の方がより口語的で、感情的な要素が加わる。

JOSEPH	: Well, it'll never make "House Beautiful", but it's OK for one night.	House Beautiful ⊃
MAX	: I made your bed this afternoon.	
JOSEPH	: Thanks. How did you know I was gonna stay this afternoon?	
MAX	: The bathroom's over there. I put in some towels, soap and a toothbrush.	
JOSEPH	: Say, ah...she's quite a character that Norma Desmond.	she's a quite a character ⊃
MAX	: She was the greatest of them all. You wouldn't know, you're too young. In one week, she received seventeen thousand fan letters. Men bribed the hairdresser to get a lock of her hair. There was a maharajah who came all the way from India to beg one of her silk stockings. Later he strangled himself with it.	receive もらう, 受ける bribe 〜を買収する hairdresser 美容師 lock of 〜の房 maharajah マハラジャ ⊃ beg 懇願する strangle 首を絞める
JOSEPH	: Well, I sure turned into an interesting driveway.	
MAX	: You did, sir. Goodnight, sir.	

Max leaves the room. Joseph looks out of the window at a worn out tennis court below.

wear out すり減る, 使い切る ⊃

JOSEPH	: (v.o.) I pegged him as slightly cuckoo, too. A stroke maybe. Come to think of it, the whole place seemed to have been stricken with a kind of creeping paralysis, out of beat with the rest of the world, crumbling apart in slow motion. There was a tennis court, or rather the ghost of a tennis court, with faded markings and a sagging net.	pegged くぎで固定した, 安定した slightly ちょっと, 少し cuckoo 頭がおかしい, 気が狂って stroke 打つこと, 一撃 come to think of it 考えてみると, そういえば ⊃ creeping paralysis 進行性筋萎縮症 paralysis まひ状態 crumble 崩壊する, 粉々に崩れる sagging たるみ, 垂れ, 沈下 ⊃ filthy 汚い, 汚れた

Joseph looks out another window at the empty, filthy swimming pool.

JOSEPH	: (v.o.) And, of course, she had a pool. Who didn't then?

ジョー	：まあ、『ハウス・ビューティフル』とはいかないが、一晩泊まる分には大丈夫だな。
マックス	：今日の午後、ベッドをご用意しておきました。
ジョー	：そりゃどうも。僕が泊まるって、どうして午後にわかったんだ？
マックス	：浴室はあちらです。タオルに石鹸、それに歯ブラシをご用意しておきました。
ジョー	：ところでさ、あの…なかなかおもしろい人だな、あのノーマ・デズモンド。
マックス	：奥様は、最も偉大なお方です。あなたはご存知ないでしょうな、お若いので。奥様には、週に1万7千通ものファンレターが届いたのです。奥様の髪を一房欲しさに、男どもは美容師に金を握らせました。はるばるインドからやってきて、奥様のシルクの靴下を片方所望したマハラジャもおりました。その後、その方はその靴下で首を吊りました。
ジョー	：興味の尽きないドライブウェイに入り込んでしまったもんだ。
マックス	：おっしゃる通りで。お休みなさいませ。

マックスが部屋から出ていく。ジョーは、窓の外にある荒れ果てたテニスコートを見下ろす。

ジョー	：（画面外）あいつも、ちょっと変人だ。頭に一発食らったのかも知れん。考えてみれば、屋敷全体が、進行性の筋萎縮症にでもかかったような感じで、世間のペースから外れて、スローモーションで崩壊しているようなものだ。テニスコートがあった、と言うよりは、テニスコートの亡霊みたいなもので、消えかかったラインに、垂れ下がったネット。

ジョーは、別の窓から無人で汚れたプールを見る。

ジョー	：（画面外）そして当然、彼女はプールを持っていた。当時、持ってなかった者などいただろうか？

■ House Beautiful
インテリア雑誌。英国の中流階級の人々をターゲットとした英国の雑誌で、1896年に発刊開始。

■ she's a quite a character
quite a character で「なかなかおもしろい人」「かなり変わった人」の意。ここでのcharacterは「特徴」と「性格」という意味ではなく「人物」。

■ maharajah
サンスクリット語で強大な権勢を持つ君主号または貴族の称号のこと。王、豪族の意味で藩王とも呼ばれる。後には皇帝に服属し、単なる地方領主の称号となる。

■ wear out
ex. My mother said that the mattress won't wear out.（母はそのマットレスはへたらないと言った）

■ come to think of it
ex. Now I come to think of it, she may have told a lie.（今考えてみると、彼女はうそをついたのかもしれない）

■ sagging
直後のnetを修飾する。動詞sag「たるむ、垂れ下がる」の現在分詞。

JOSEPH : (v.o.) Mabel Normand and John Gilbert must have swum in it ten thousand midnights ago. And Vilma Banky and Rod La Rocque. It was empty now. Or was it?

Rats find some food in the pool. Horrified, he turns away, but his gaze returns back outside as Norma and Max come out of the mansion carrying the small coffin. They place it on the ground next to a dug grave.

JOSEPH : (v.o.) There was something else going on below. The last rites for that hairy old chimp, performed with the utmost seriousness, as if she were laying to rest an only child. Was her life really as empty as that?

Max steps into the grave and picks up the coffin.

JOSEPH : (v.o.) It was all very queer, but queerer things were yet to come.

ジョー	：（画面外）メーベル・ノーマンドやジョン・ギルバートは、大昔にそこで泳いでいたに違いない。それに、ヴィルマ・バンキーとロッド・ラ・ロックも。それが、今ではもぬけの殻だった。それとも、殻だったのか？	■ Mabel Normand 米国の女優で映画監督。1910年代のサイレント映画全盛期を代表するコメディエンヌ。 ■ John Gilbert 米国ユタ州ローガン出身のハリウッド俳優。 ■ Vilma Banky ハンガリー・ブダペスト生まれの、サイレント映画時代のアメリカ映画女優。ヨーロッパで映画出演の後、渡米。ルドルフ・ヴァレンチノの主演が決まっていた『シーク』(The Son of the Sheik, 1926) 撮影に際し、ヴァレンチノが直々に彼女を指名したというエピソードで有名。 ■ Rod La Rocque 上述のビルマ・バンキーの夫だった、アメリカ・シカゴ生まれの男優。1927年に、バンキーと結婚。1969年に亡くなるまで、おしどり夫婦として知られた。『十戒』(The Ten Commandments, 1923)、『群衆』(Meet John Doe, 1941) などに出演。

数匹のネズミが、プールで餌を見つける。ぞっとして、彼は目をそむける。だが、ノーマとマックスが、例の小さなかんおけを持って屋敷から出てきたのを目にして、また視線を戻す。彼らは、掘られた墓穴の脇の地面へ、かんおけを下ろす。

ジョー	：（画面外）下で行われていたことは、ほかにもあった。あの毛むくじゃらの年寄りチンパンジーの葬式だ。まるで、一人っ子を埋葬するかのような、この上ない厳粛さで、執り行われていた。彼女の人生は、それと同じくらいむなしかったのだろうか？

マックスは墓穴の中に入り、かんおけを持ち上げる。

ジョー	：（画面外）何とも実に奇妙だった。だが、奇妙なことは、まだこれからだった。	■ (be) yet to come ex. The best is yet to come.（お楽しみはこれからだぞ）

One Norma Desmond

INT. NORMA'S MANSION - DAY - Joseph lies on the bed, covered in pages of the script.

JOSEPH : (v.o.) **That night I had a mixed-up dream. In it there was an organ grinder. I couldn't see his face, but the organ was all draped in black. And a chimp was dancing for pennies. When I opened my eyes, the music was still there. Where was I? Oh, yes, in that empty room over her garage. Only it wasn't empty any more. I'd had a visitor.**

Joseph gets up seeing his belongings have been brought to the room.

JOSEPH : (v.o.) **Somebody had brought in my belongings, my books, my typewriter, my clothes. What was going on?**

Joseph goes outside and runs across to the mansion. Inside, Max plays the pipe organ.

JOSEPH : **Hey, you! Max, whatever your name is, what are my things doing here? I'm talking to you. My clothes and things are up in the room.**
MAX : **Naturally. I brought them myself.**
JOSEPH : **Is that so?**
MAX : **Why, what's the matter? Is there anything missing?**
JOSEPH : **Who said you could? Who asked you to?**

---

mixed-up 複雑な、ノイローゼ気味の
organ grinder 手回しオルガン奏者 ⊙
drap ～で…を覆う、まとう

penny ペニー ⊙

visitor 訪問者

belongings 所持品

whatever ～するのは何でも

clothes 服

naturally 当然(ながら)、もちろん

What's the matter ⊙
miss なくなる

ノーマ・デズモンドという人物

TIME 00:26:50

屋内－ノーマの邸宅－昼－ジョーは脚本のページに埋もれてベッドに横たわっている。

ジョー ：（画面外）その夜、僕は複雑な夢を見た。夢の中では手回しオルガン奏者がいて、顔は見えなかったが、その手回しオルガンは真っ黒に覆われていた。そしてチンパンジーが金のために踊っていた。僕がその夢から覚めても、音楽はまだ鳴っていた。僕はどこにいたんだろう？ あ、そうだ、彼女の家の車庫の上の空っぽの部屋だった。だけどそこはもう空っぽではなかった。僕には訪問者がいた。

ジョーは起き上がって彼の持ち物が部屋に運ばれてきたのを見た。

ジョー ：（画面外）僕の持ち物や本、タイプライター、そして服などが運び込まれて、一体何が起こっているんだ？

ジョーは外に出ていき、向かいにある豪邸に走っていく。屋内では、マックスがパイプオルガンを弾いている。

ジョー ：おい、おまえ！ マックス、おまえの名前なんか何でもいいけど、僕の持ち物が何でここにあるんだ？ おまえに聞いてるんだ。僕の服や持ち物があの部屋にあるけど。

マックス ：お察しの通り、私が運んだんです。

ジョー ：やっぱり。

マックス ：何で、何が問題でもあるんですか？ 何かなくなったものでもあるんですか？

ジョー ：誰がおまえに荷物を運んでいいと言った？ 誰がおまえに頼んだんだ？

■ organ grinder
手回しオルガンはライアー、ライエルとも呼ばれる楽器の1つ。ハンドルを手で回し、円筒についている鍵盤をピンで押さえる仕組みのオルガン。発音機構はパイプオルガンと同種。

■ penny
ペニーは1セント銅貨のこと。または英国などで使用されている通貨単位、100分の1ポンドに相当する。

■ What's the matter?
「どうしたんだ」など、相手に何か起きたことに対して疑問を投げかけたり、尋ねたりするときの表現。
ex. What's the matter with you, Ken?（ケン、どうしたんだい？）

Norma sits on a sofa surrounded by photos of herself in her former actress days.

NORMA : I did. I don't know why you're so upset. Stop that playing, Max. It seemed like a good idea if we are to work together.

Max stops playing the organ.

JOSEPH : Look, I'm supposed to fix up your script. There's nothing in the deal about my staying here.
NORMA : You'll like it here.
JOSEPH : Thanks for the invitation. I've got my own apartment.
NORMA : You can't work in an apartment where you owe three months' rent.
JOSEPH : I'll take care of that.
NORMA : It's all taken care of. It's all paid for.
JOSEPH : Okay, we'll deduct it from my salary.
NORMA : Now, now. Don't let's be small about such matters. We won't keep books. Max, unpack Mr. Gillis's things.
MAX : It is done, Madame.

Max walks out of the room.

JOSEPH : Well, pack 'em up again. I didn't say I was staying!
NORMA : Suppose you make up your mind. Do you want this job or don't you?

Later, Joseph sits at a small table with a typewriter going over the script.

JOSEPH : (v.o.) Yes. I wanted the job. I wanted the dough and wanted to get out of there as quickly as I could. I thought if I really got going I could finish it up in a couple of weeks.

---

surround (取り)囲む
former かつての, 前の

upset 腹を立てて, 取り乱して

we are to work together ⇨

I'm supposed...script ⇨

invitation 招待

take care of 〜を引き受ける, 〜の世話をする ⇨

deduct 〜を差し引く
salary 給料, 給与
now, now まあまあ, さあさあ

unpack 荷を解く

pack 'em up 荷造りする, 荷物をまとめる ⇨

go over 見直す, チェックする ⇨

dough (俗)金, 現金, 銭
quickly 速く

62

ノーマはかつて女優だったころの写真に囲まれてソファに座っている。

ノーマ ： 私が頼んだのよ。何でそんなに怒っているのかわからないわ。弾くのをやめなさい、マックス。もし私たちが一緒に仕事ができたら、いいと思ったんだけど。

マックスはオルガンを弾くのをやめる。

ジョー ： いいかい、僕はあなたの脚本の手直しをしてあげようと思っている。でもそのことで、僕がここに滞在するというような取引をするつもりはない。

ノーマ ： あなたはきっとここを気に入るわ。

ジョー ： お誘いをありがとう。でも僕には自分のアパートがある。

ノーマ ： 家賃を3か月も滞納しているアパートで仕事なんてできないわ。

ジョー ： それについては何とかするさ。

ノーマ ： もうすべて手を打ったわ。すべて支払い済みよ。

ジョー ： わかったよ、僕の給料から差し引いてくれ。

ノーマ ： まあ、まあ。それくらいのことにガタガタ言わないでよ。本は置かないわよ。マックス、ギリスさんの荷物を解いてちょうだい。

マックス ： もう終了しました、奥様。

マックスは部屋から出ていく。

ジョー ： ちょっと、また荷物を詰めてくれ。ここに滞在するとは言ってないぞ。

ノーマ ： もう決断したのかと思ったけど。あなたはこの仕事が欲しいの、欲しくないの？

その後、ジョーは小さなテーブルについて、脚本を見直しながらタイプライターを打っている。

ジョー ： （画面外）そうだ。僕はその仕事が欲しかった。金が欲しかった。そしてできるだけ早くそこから抜け出したかった。もし全力で取り組めば、数週間で脚本の手直しは終わるだろうと考えていた。

■ we are to work together
「be 動詞＋to...」という形を使った構文。この構文は様々な意味があり、文脈でどの意になるかを判断する必要がある。予定（～することになっている）、義務・当然（～すべきである）、運命（～する運命にある）、可能（～できる）である。
ex. The bag was nowhere to be found.（そのかばんはどこにも見つからなかった）

■ I'm suposed to...your script
ここの be supposed to は、取り決めや約束などにより「～することになっている」という意味。
ex. You are all supposed to finish your mission by the end of this month.（君たちは今月末までに任務を終わらせることになっている）

■ take care of
ex. She took care of my children while I was out.（私が外出している間、彼女が子どもたちの面倒を見てくれた）

■ pack 'em up
= pack them up

■ go over
ex. We went over the manuscript over and over again before we showed it to the publisher.（出版社に見せる前に、われわれは何回もその原稿に目を通した）

JOSEPH : (v.o.) But it wasn't so simple getting some coherence into those wild hallucinations of hers. And what made it even tougher was that she was around all the time, hovering over me, afraid I'd do injury to that precious brainchild of hers.

Joseph folds up some pages and throws them into a box. Norma comes over and questions him.

NORMA : What's that?
JOSEPH : Just a scene I threw out.
NORMA : Which scene?
JOSEPH : The one where you go to the slave market. It's better to cut directly to John the Baptist...
NORMA : Cut away from me?
JOSEPH : Well, honestly. It's a little too much of you. They don't want you in every scene.

NORMA : They don't. Then why do they still write me fan letters every day. Why do they beg me for my photographs? Why? Because they want to see me, me, Norma Desmond. Put it back.
JOSEPH : OK.

Joseph takes the pages out of the box. Norma goes back to her table and continues autographing photos of herself.

JOSEPH : (v.o.) I didn't argue with her. You don't yell at a sleepwalker. He may fall and break his neck. That's it. She was still sleepwalking along the giddy heights of a lost career. Plain crazy when it came to that one subject: her celluloid self. The great Norma Desmond. How could she breathe in that house so crowded with Norma Desmonds?

ジョー　　：（画面外）しかし、彼女の狂気じみた妄想に対して理路整然と対応することはそんなに簡単なことではなかった。そしてそれをさらに難しくしていたのは、彼女が常に周りにいて僕を監視して、彼女の独創的な脚本を傷つけないかどうか心配していたことだ。

ジョーは数ページを折りたたんで、箱の中に投げ入れる。ノーマは彼に近づいて尋ねる。

ノーマ　　：それは何？
ジョー　　：必要ない場面を捨てただけです。
ノーマ　　：どの場面？
ジョー　　：あなたが奴隷市場へ行く場面です。そこを飛ばして洗礼者ヨハネの場面に直接いった方がいいと…
ノーマ　　：私の場面を切り取るの？
ジョー　　：えっと、正直なところ、ちょっとあなたが出過ぎている。すべての場面にあなたが出演することをファンは期待していない。
ノーマ　　：期待していない。それならなぜ彼らは今でも毎日私にファンレターを書いてくるの？　なぜ私の写真を欲しがるの？　なぜ？　私を見たいからよ、私、ノーマ・デズモンドを。それを戻してちょうだい。

ジョー　　：わかりましたよ。

ジョーは箱の中からそれらのページを取り出す。ノーマは彼女のテーブルに戻り、自分の写真にサインを書き続ける。

ジョー　　：（画面外）僕は彼女と言い争いはしない。夢遊病者を怒鳴りつけることはできない。そんなことしたらベッドから落ちて首の骨を折ってしまう。そうさ。彼女はまだ失ったキャリアの目がくらむような極致を夢遊状態で歩いていた。彼女自身の映画という話題になると、単なる変人だった。偉大なるノーマ・デズモンド。彼女はどうやってどこもかしこもノーマ・デズモンドでいっぱいのあの家で呼吸ができるのだろうか？

■ Baptist
バプテストは、浸礼での洗礼を行う者の意であり、キリスト教プロテスタントの一教派。17世紀ごろに英国で始まり、現在では米国に最も多く信者が分布しており、バプテストは、米国のプロテスタントの中で最も多い。

■ sleepwalker
夢遊病患者は症状が出て歩き回っている間は人に危害を加えたりはしない。夢遊病になった患者は精神的に何か問題を抱えていることが多く、欲求不満や心の葛藤が無意識のレベルで行動に出てしまうのが原因だといわれている。

■ That's it
「問題はそこだ」「それだ、それでよい」「それでおしまい、それだけだ」などの意がある。

■ celluloid
アニメ映画制作などに使う透明なシート。

JOSEPH : (V.O.) More Norma Desmonds, and still more Norma Desmonds. It wasn't all work, of course. Two or three times a week, Max would haul up that enormous painting that had been presented to her by some Nevada chamber of commerce. And we'd see a movie, right in her living room. So much nicer than going out, she'd say. The plain fact was she was afraid of that world outside, afraid it would remind her that time had passed. They were silent movies, and Max would run the projection machine. Which was just as well. It kept him from giving us an accompaniment on that wheezing organ. She'd sit very close to me, and she'd smell of tuberoses, which is not my favorite perfume, not by a long shot. Sometimes as we watched, she'd clutch my arm or my hand, forgetting she was my employer, just becoming a fan, excited about that actress up there on the screen. I guess I don't have to tell you who the star was. They were always her pictures. That's all she wanted to see.

Joseph and Norma watch a silent movie starring herself. A caption on the movie screen reads, "...Cast out this wicked dream which has seized my heart..."

NORMA : Still wonderful, isn't it? And no dialogue. We didn't need dialogue. We had faces. There just aren't any faces like that anymore. Maybe one, Garbo. Those idiot producers, those imbeciles! Haven't they got any eyes? Have they forgotten what a star looks like? I'll show them. I'll be up there again, so help me!

haul up	引き上げる
Nevada	ネバダ ❍
chamber of commerce	商工会議所 ❍
be afraid of	〜を恐れる, 〜を心配する ❍
remind	〜に気づかせる, 〜に思い出させる
projection machine	映写機
just as well	かえって好都合だ
It kept...organ	❍
accompaniment	伴奏
tuberoses	月下香
not by a long shot	全然〜でない, 絶対に〜でない
clutch	つかむこと, しっかり握ること
employer	雇用主, 使用人
I guess	〜だと思う, 〜だと推察する
caption	字幕
cast out	追い出す, 追い払う
wicked	ひどく悪い, 不道徳な
seize	つかむ
Garbo	ガルボ ❍
idiot	まぬけ
imbeciles	(話)ばかな, 愚かな

ジョー ： （画面外）さらにノーマ・デズモンド、またさらに
ノーマ・デズモンド。もちろん、仕事ではなかっ
た。週に2、3回、マックスはネバダ商工会議所
とかいう所から贈呈された巨大な絵画を引き上
げたものだった。そしてリビングで、みんなで
映画を観た。外出するよりもずっといいと彼女
は言っていた。彼女が外の世界を恐れていたこ
とも、時は過ぎ去ってしまったと思い知らされる
ことを恐れていたことも明らかだった。観たの
はサイレント映画で、マックスが映写機を動か
していた。それはかえって好都合だった。ヒュ
ーヒュー鳴る彼のオルガンの伴奏を僕たちは聞
かずに済んだのだから。彼女は僕のすぐそばに
座っていて、月下香の香りがしたが、それは僕
の好きな香りでは、全くない。時には映画を見
ていると、彼女は僕の腕や手をつかんできた。
自分が雇い主であることを忘れ、スクリーン上
の女優に興奮し、一介のファンになっていたの
だ。そのスターが誰だったかということは言うま
でもないだろう。いつだって観ていたのは自分
の映画だった。それ以外は観たがらなかった。

■ Nevada
ネバダ州は米国の西部に位置する州。州都はカーソンシティ市で、主産業はカジノ街として名高いラスベガス市などの娯楽産業と鉱業。

■ chamber of commerce
商工会議所は商工業の改善・発展を目的として、ある一定地区内の商工業者によって組織される自由会員制の公益経済団体。起源は1599年のフランスのマルセイユに組織された商業会議所。日本は1878年に、東京、大阪、神戸に商法会議所として設立された。

■ be afraid of
ex. He is always afraid of being rejected by many friends.（彼はいつも友人たちに拒絶されるかもしれないとビクビクしている）

■ It kept him...wheezing organ
「keep +（人）目的語 + from」の形で、「人が～しないようにする」の意。

ジョーとノーマは自分が主演しているサイレント映画を観ている。
映画の字幕には「私の心をつかんでいる邪悪な夢を追い出しなさい…」とある。

ノーマ ： 今でも素敵でしょう、ね？　会話はないのよ。
会話は必要なかったの。顔があったの。あんな
顔はもう存在しないのよ。1人はいるかもしれな
いわね。ガルボ。あのバカなプロデューサーたち、
あのまぬけたちときたら！　あの人たちに目
はついてるのかしら？　スターってものがどんな
顔つきか忘れてしまっているのかしら？　私が
教えてあげるわ。私はまたあそこに立つのよ。
だから手伝ってちょうだい！

■ Garbo
スウェーデン生まれの女優グレタ・ガルボ（Greta Garbo）のこと。アカデミー賞名誉賞を受賞し、『肉体と悪魔』（Flesh and the Devil, 1926）などの主演で有名。

Norma deals cards in a game of Bridge with a WOMAN and two MEN.

JOSEPH	: (v.o.) Sometimes there'd be a little bridge game in the house. With a twentieth of a cent a point. I'd get half of her winnings. Once they ran up to seventy cents, which was about the only cash money I ever got. The others around the table would be actor friends, dim figures you may still remember from the silent days. I used to think of them as her waxworks.

The players call out their cards.

NORMA	: One diamond.
WOMAN	: One heart.
MAN 1	: Spade.
MAN 2	: Pass.
NORMA	: Three no trump.
WOMAN	: Pass.
MAN 2	: Pass.
NORMA	: Empty the ashtray, will you, Joe, dear.

Joseph empties the ashtray in the fire. He sees Max at the door talking to the bill collectors. They leave and Max walks back to Joseph.

MAX	: There's some men outside. They ask for you.
JOSEPH	: I'm not here.
MAX	: That's what I told 'em.
JOSEPH	: Good.
MAX	: But they found your car in the garage and they're gonna tow it away.
NORMA	: Where's the ashtray? Joe, can't we have the ashtray?

Joseph takes the ashtray back to the card game.

---

deal トランプを配る

a twentieth of...a point 1点につき0.05セントの賭け率

run up (ある金額, 数量に)達する ❂

dim figure 存在感のない人物

think of 〜のことを考える ❂
waxworks ろうでできた作品, ろう人形

no trump ノートランプ ❂

empty 空の, 空っぽの
ashtray 灰皿

I'm not here ❂

tow けん引

Sunset Boulevard

ノーマは女性1人と男性2人にブリッジの勝負でトランプを配っている。

ジョー ： (画面外)家ではたまにちょっとしたブリッジの勝負をしたものだ。1点につき20分の1セントがもらえる。僕の分け前は彼女の賞金の半分だった。あるときには総額70セントにまでなったんだが、それが僕がもらえた唯一の現金だった。別の対戦では、テーブルには俳優仲間の姿があった。今でも心に留められているかもしれないサイレント時代のおぼろげな人物たちの姿が。僕は彼らのことを彼女のろう人形だと思っていた。

■ run up
ex. Once my salary ran up to one million yen a month, but soon it went down to half.(あるとき私の給料は月給100万円まで跳ね上がったが、すぐに半分まで下がった)

トランプ仲間は自分のカードを読み上げる。

ノーマ ： ダイア1枚。
女性 ： ハート1枚。
男性1 ： スペード。
男性2 ： パス。
ノーマ ： 切り札なし3枚。
女性 ： パス。
男性2 ： パス。
ノーマ ： ジョー、灰皿を空にしてきてくれないかしら、ねえ。

■ think of
ex. My husband never thinks of me when he's on a business trip.(私の亭主は出張しているとき、私のことなんか思い出しもしてくれない)

■ no trump
カードで遊ぶときに、切り札なしの宣言をするときに使う表現。

ジョーは灰皿を暖炉の火の中に捨てて空にする。戸口の所のマックスを見ると、取り立て屋と話をしている。取り立て屋は帰り、マックスはジョーの所へ戻ってくる。

マックス ： 外に男たちがいます。あなたに用があるって。
ジョー ： ここにはいない。
マックス ： そう言いました。
ジョー ： よし。
マックス ： でも、ガレージの車を見つけていて、牽引して持っていくそうです。
ノーマ ： 灰皿はどこ？ ジョー、灰皿をもらえないのかしら？

■ I'm not here
ここでは単に「私はここにはいない」であるが、肯定文でI'm here.(はい。います)となると、出席点呼のときの返事の表現となる。"Here"という短い表現も同様である。

ジョーはトランプをやっている所に灰皿を持って戻る。

69

JOSEPH	: (whispering) I want to talk to you for a minute.	whisper ささやく
NORMA	: Not now, my dear I'm playing three no trump.	my dear あなた, ねえ
JOSEPH	: (whispering) They've come for my car.	
NORMA	: Please. Now... now I've forgotten how many spades are out!	
JOSEPH	: (whispering) Look, I need some money right now.	
NORMA	: Can't you wait until I'm dummy?	I'm dummy ダミー ⊃
JOSEPH	: No.	
NORMA	: Please.	

Joseph goes outside near the pool and watches the men hook his car up to a tow truck. Norma comes out as the tow truck drives off.

NORMA	: Now, what is it? Where's the fire?	Where's the fire ⊃
JOSEPH	: I've lost my car.	
NORMA	: Oh, and I thought it was a matter of life and death.	a matter of life and death 死活問題
JOSEPH	: It is, to me. That's why I came to this house. That's why I took this job, ghost-writing.	ghost-writing 代筆すること
NORMA	: Now, you're being silly. We don't need two cars, we have a car. Not one of those cheap new things made of chromium and spit, an Isotta Fraschini. Have you ever heard of Isotta Fraschinis? All handmade. Cost me twenty eight thousand dollars.	cheap 安い, 安物の chromium クロミウム Isotta Fraschini イソッタ・フラスキーニ ⊃

INT. CAR - DAY - Max chauffeurs Joseph and Norma in the old car.

		chauffeur ～の運転手を務める
JOSEPH	: (v.o.) So Max got that old bus down off its blocks and polished it up. She'd take me for rides in the hills above Sunset. The whole thing was upholstered in leopard skin, and had one of those car phones, all gold-plated.	down off its blocks ブロックから降ろす ⊃ polish 磨く upholster （椅子などが）布張りをした, 覆いをかぶせた leopard レパード, ヒョウ

ジョー	：	(ささやきながら)少し話しがしたいんだけど。
ノーマ	：	今はだめよ、ね。切り札なし3枚でやってるんだから。
ジョー	：	(ささやきながら)連中が僕の車を取りに来てるんだ。
ノーマ	：	お願いだから。ほら、スペードが何枚出たか忘れたじゃないの！
ジョー	：	(ささやきながら)なあ、すぐにお金が必要なんだ。
ノーマ	：	ダミーになるまで待てないの？
ジョー	：	ああ。
ノーマ	：	お願いだから。

ジョーは、プールのすぐ近くまで出てきて、男たちが自分の車を牽引車につるのを見る。牽引車が発車するときにノーマが出てくる。

ノーマ	：	さて、何なの？　急ぎの用って？
ジョー	：	車を取られた。
ノーマ	：	まあ、死活問題かと思った。
ジョー	：	僕にとってはそうなんだ。だからこの家に来たんだ。だからゴーストライターを引き受けたんだ。
ノーマ	：	ねえ、頭が変じゃない。2台も車はいらないわ。1台あるでしょう。クロミウムや粗悪品でできた最近の安物じゃないのよ。イソッタ・フラスキーニよ。イソッタ・フラスキーニって知ってる？全部手作りなの。28,000ドルもしたの。

屋内－車－昼－マックスは古い車でジョーとノーマのお抱え運転手をしている。

ジョー	：	(画面外)そこでマックスは、古い車をブロックから降ろして磨いた。彼女は僕をサンセット大通りの上にある丘にドライブに連れ出した。全体が豹の毛皮ばりで金の自動車電話が付いていた。

■ I'm dummy
カードゲームをするときダミー。ディクレアラー(宣言者)のパートナーで、ビッドが成立したとき、手札を全部表にして、パートナーの指示通りの動きをすることになる。

■ Where's the fire?
そのままの意は「火事はどこ？」であるが、ここでは火事が起きたような騒ぎだけど、どうしたのと相手に騒ぎの理由を尋ねている。

■ Isotta Fraschini
イタリアの高級自動車メーカー。

■ down off its blocks
自動車を長期間使用しないときに(タイヤが磨耗しないように)車体を載せていたブロックから降ろすこと。

NORMA : That's a dreadful shirt you're wearing.
JOSEPH : What's wrong with it?
NORMA : Nothing, if you work in a filling station. I'm getting rather bored with that sport jacket and the same baggy pants. (on car phone) Max, what's a good men's shop in town, the very best? Well go there.
JOSEPH : I don't need any clothes and I certainly don't want you buying them for me.
NORMA : Why begrudge me a little fun? I just want you to look nice. And must you chew gum?

Joseph throws his gum away.

INT. MENSWEAR SHOP - DAY - Joseph stands in front of a mirror as a TAILOR adjusts a suit to fit him.

NORMA : Ah, there's nothing like blue flannel for a man. Ah, this one, single-breasted, of course. Now we need a topcoat. Let me see what you've got in camel's hair. (to tailor) **How about some evening clothes?**

One tailor goes off to look for items. Norma walks over to a SHOP ASSISTANT.

JOSEPH : I don't need a tuxedo.
NORMA : Of course you do. A tuxedo and tails and, if you aren't careful, you'll get a cutaway.

JOSEPH : Tails, that's ridiculous!
NORMA : You need them for parties. You need them for New Year's Eve. (to shop assistant) **Where are your evening clothes?**
SHOP ASSISTANT : This way, madam.

As the shop assistant leads Norma away, the tailor returns with some items.

---

dreadful shirt　ひどいシャツ
What's wrong with it ◎
filling station　ガソリンスタンド ◎
get bored　退屈する, うんざりする ◎
baggy pants　バギーパンツ, だぶだぶのズボン

begrudge　渋る, 嫌がる
chew　〜をかむ, 〜をかみ砕く

tailor　テーラー, 仕立屋
adjust　調節する, 適合させる
flannel　フランネル製のズボン
single-breasted　(服が)シングルの
topcoat　トップコート, 薄手のコート ◎
camel　ラクダ
evening clothes ◎

tuxedo　タキシード ◎
tails ◎
cutaway ◎

ridiculous　ばかげている, 話にならない

New Year's Eve ◎

ノーマ	：ひどい服を着ているのね。
ジョー	：悪くないだろう？
ノーマ	：悪くないわ、ガソリンスタンドで働くのならね。スポーツウエアといつも同じのバギーパンツにはうんざりしてきたの。（自動車電話で）マックス、町一番の紳士服店はどこかしら？ そこに行ってちょうだい。
ジョー	：服なんていらないし、あなたに買ってもらうなんていやだ。
ノーマ	：ささやかな楽しみだからいいじゃない？ ただあなたにおしゃれな格好をさせたいだけ。ガムなんてかまなくてもいいでしょう？

ジョーはガムを捨てる。

屋内 – 紳士服店 – 昼 – 仕立屋にスーツをあわせてもらっている間、ジョーは鏡の前に立っている。

ノーマ	：うーん、男性用の青いフランネルのズボンなんてないわね。まあ、当然、これはシングルよね。トップコートもいるわね。ラクダの生地を見たいわ。（仕立屋に向かって）礼服はどうなの？

1人の仕立屋が商品を探しに行く。ノーマはこの店のアシスタント店員の所に行く。

ジョー	：タキシードはいらない。
ノーマ	：いるに決まっているでしょう。タキシードと燕尾服よ、気をつけないとモーニングコートを買ってしまうわ。
ジョー	：おい仕立屋、ばかげているだろう！
ノーマ	：パーティに必要なの。大みそかにいるの。（アシスタント店員に向かって）礼服はどこなの？

アシスタント店員：こちらでございます、奥様。

アシスタント定員がノーマを案内している間に、仕立屋がいくつかの商品を持って戻ってくる。

■ What's wrong with it?
「どこがいけないんだい？」という意味。
ex. I failed the entrance exam. So what's wrong with it?（入学試験に落ちたんだ。それで、そのどこが悪いんだい？）

■ filling station
ガソリンを fill（満たす）ということから給油を指す。ガソリンスタンドは和声英語で、普通 gas station（米）、petrol station、petrol store（英）と呼び方も数種類ある。

■ get bored
似た表現に sick of... というのがある。

■ flannel
ネルとも呼ばれる紡毛糸で平織りまたは綾織りにし、布面をやや毛羽立たせた柔らかな毛織物。肌着、パジャマ地、服地などに用いる。

■ topcoat
軽量なコート、または簡易な外套のこと。

■ evening clothes
= evening dress
礼装のイブニングドレスのこと。

■ tuxedo
= Dinner jacket
男性用の礼服の1つ。本来は夜間のみ着用されるものであるが、日本では午後からの会合に着用されることも多い。同様の夜間用礼服である燕尾服よりもやや略式なもの。

■ tails
男性のイブニングコートのこと。

■ cutaway
= cutaway coat
モーニングコート、燕尾服のこと。

■ New Year's Eve
= Hogmanay
大みそか、12月31日のこと。

TAILOR	: Here are some camel's hair, but I'd like you just to feel this, it's vicuna. Of course it's a little more expensive.	vicuna ビクーナ、ビクーニャ
JOSEPH	: The camel's hair will do.	The camel's hair will do as long as 〜している間は
TAILOR	: (whispering to Joseph) Well, as long as the lady's paying for it, why not take the vicuna?	

Joseph stares at the tailor.   stare at 〜をじっと見つめる

サイレント映画のスターたち

　今から100年以上も昔、1890年代に誕生した「映画」（英語での正式名称は、"motion picture"。日本での明治・大正時代の呼称である「活動写真」は、この和訳）。絵画や写真とは異なり、実際に動く人間の姿の鑑賞が可能となった。

　しかし、「映画」の最大の特徴…それは、「クロースアップ」である。あたかも最前列で、被写体である人物の表情を注視するかのような、斬新な醍醐味が得られるようになったのだ。ほかにも、数々のトリック撮影技術の出現によって、空間的な限界がある舞台では不可能な世界が、現在も創造され続けている。

　さて、私たちの夢の世界を具現化してくれる、この20世紀を代表する娯楽＝「映画」からは、実に多くのスターが誕生した。本稿では、サイレント映画時代におけるハリウッドスターたちの中から、とりわけ日米両国で高い人気を誇った何人かをご紹介したい。

　まず、現代の『パイレーツ・オブ・カリビアン』（*Pirates of the Caribbean*）シリーズで知られる、ジョニー・デップ（Jonny Depp, 1963 -）を髣髴とさせるアクション活劇で絶大な人気を博した、「快男児」ダグラス・フェアバンクス（Douglas Fairbanks, 1883 - 1939）。日本の時代劇とは一味違った、その豪快な剣戟映画で見せる溌剌とした活躍ぶりは、まさにアメリカ人特有の陽気さ、スケールの大きさを体現して

仕立屋	：これがラクダの生地ですが、このビクーニャがよろしいかと思います。もちろん、少し値が張りますが。
ジョー	：ラクダの生地でいいよ。
ノーマ	：（ジョーにささやきながら）ねえ、あの女性が払ってくれるのですから、ビクーニャにしたらいいのでは？

ジョーは仕立屋をじっと見る。

■ vicuna
ビキューナとも呼ばれる南米のアンデス地方に生息する、偶蹄目ラクダ科に属するアルパカやラマの仲間の小動物。

■ The camel's hair will do
...will do で「目的を果たす、役に立つ」の意。
ex. Either will do.（どちらでもいいよ）

いた。また、彼の2人目の妻であったのが、「アメリカの恋人」と称された、メアリー・ピックフォード（Mary Pickford, 1892 - 1979）。154センチという小柄ながら、フェアバンクス同様の陽気さに加え、美しく瑞々しい演技で年収100万ドルを手にし、引退後は実業家としても活躍するという才女であった。

　また、彼らとは対照的に、薄幸の主人公を演じ続けて人気を得たのが、男優では、端正で陰のある二枚目として知られたリチャード・バーセルメス（Richard Barthelmess, 1895 - 1963）、女優では、バーセルメスと『散りゆく花』（*Broken Blossoms or The Yellow Man and the Girl*, 1919）で共演したリリアン・ギッシュ（Lillian Gish, 1893 - 1993）。ギッシュも、前述のピックフォード同様の小柄な美人女優。両者は、得意の役柄や芸風で好対照を成しながら共にスターの座を獲得したのだった。

　余談だが、こうした外国人俳優名の、当時の日本語表記が秀逸。男優には「〜氏」、女優には「〜嬢」という敬称が必ずあったのだ。変わったところでは、その貫禄のある容姿も相まった「アラ・ナジモヴァ"夫人"」（Alla Nazimove, 1879 - 1945）という例外もあった。

與古光　宏
（九州産業大学・語学教育研究センター常勤講師）

New Year's Eve

EXT. / INT. NORMA'S MANSION - DAY - Heavy rain falls at the mansion. The ceiling inside Joseph's room has a major leak. Max gathers up Joseph's things to take across to the mansion.

	ceiling 天井 major 大きい leak 漏れ口, 漏れること ❍ gather up 集める

JOSEPH : (v.o.) The last week in December, the rains came. A great big package of rain. Oversized like everything else in California. It came right through the old roof of my room above the garage. She had Max move me to the main house. I didn't much like the idea. The only time I could have to myself was in that room. Well, it was better than sleeping in a raincoat and galoshes.

	A great big...of rain ❍ oversized 特大の She had Max...main house ❍ galoshes 雨靴

Joseph packs his bag and grabs his coat. Across in the main house, Joseph enters an extravagant bedroom. Max hangs up Joseph's things in the cupboard.

	grab つかむ extravagant 無駄遣いする, ぜいたくな hang up 〜を掛ける cupboard 押し入れ

JOSEPH : Whose room was this?
MAX : It was the room of the husband. Ah, the husbands, I should say. Madame has been married three times.
JOSEPH : I guess that's the one you can see Catalina from, only this isn't the day.

	Catalina カタリーナ島

Joseph looks around the room. He finds a hole in the door where the lock and handle should be.

JOSEPH : Say ,what's this with the door? There isn't any lock.
MAX : There are no locks anywhere in this house, sir.

	say ねえ, ところで ❍ what's this with the door ❍ sir あなた様 ❍

Max points to other doors with no locks or handles.

大みそか

TIME 00:37:37
□□□□□□

屋外／屋内－ノーマの邸宅－昼－激しく雨が豪邸に打ちつけている。ジョーの部屋の天井はひどく雨漏りしている。マックスはジョーの持ち物をまとめ豪邸に運んでいる。

ジョー ： (画面外)12月の最終週に、その雨は降った。かなり大きなまとまった雨だった。何でも大きいカリフォルニアにふさわしい特大サイズの雨だった。雨は車庫の上の僕の部屋の古い屋根から入ってきた。彼女はマックスに僕を母屋に移すように指示した。僕はそのアイデアがあまり好きではなかった。唯一自分に戻れるのがその部屋だったからだ。つまりレインコートを着て雨靴を履き寝る方がはるかによかった。

ジョーは鞄に荷物を詰め、コートをつかむ。そして向かいの母屋のぜいたくな寝室に入る。マックスはジョーの物を押し入れに掛ける。

ジョー ： これは誰の部屋だったんだ？
マックス ： それはだんな様の部屋の部屋でした。えっと、だんな様たちのというべきですね。奥様は3回結婚されました。
ジョー ： きっとここからカタリーナ島が見えるんだ。ただし今日は見えないけどね。

ジョーは部屋を見渡す。そしてドアの鍵やドアノブがあるべき所に穴があいているのを見つける。

ジョー ： おい、このドアのこれは何なんだ？ 鍵が全くついていないけど。
マックス ： この家はどこにも鍵がついていません、だんな様。

マックスは鍵やドアノブのついていないほかのドアを指さす。

■ leak
ここでは、部屋の天井の雨漏りを指している。

■ A great big package of rain
「とても大きな包みに入った雨」という表現を使って、どしゃぶりの雨という様子を表している。

■ She had Max move...the main house
「have + O + 動詞の原形」で「Oに～させる」という使役の意味になる。使役動詞はほかにも make、let などあるが、make は強制力が最も強く、「無理にでもさせる」という意味を表し、let は「本人の希望に応じて(自由に)させる」という意味の違いがある。
ex. My mother makes me clean the living room every day.（母は私に毎日居間を掃除させる）
cf. She let her child play in the park.（彼女は子どもを公園で遊ばせた）

■ say
呼びかけの言葉。

■ what's this with the door?
what's with... で「その～はどういうことだ？、その～でどうしようというのだ？」の意で、不審なものについて尋ねるときの表現。

■ sir
男性に対して使う呼びかけの言葉で、非常に改まった表現。

JOSEPH	: How come? There must be a reason.	how come どうして ⇨ must ⇨ suggest 提案する
MAX	: The doctor suggested it.	
JOSEPH	: What doctor?	
MAX	: Madame's doctor. Madame has moments of melancholy. There have been some attempts at suicide.	moment 瞬間 melancholy 憂鬱 attempt 試み, 企て suicide 自殺
JOSEPH	: Oh.	
MAX	: We have to be very careful. No sleeping pills, no razor blades. We shut off the gas in Madame's bedroom.	sleeping pill 睡眠薬 razor blade カミソリの刃 shut off 遮断する, 止める
JOSEPH	: Why? Her career? She got enough out of it. She's not forgotten. She still gets those fan letters.	
MAX	: I wouldn't look to closely at the postmarks.	closely 念入りに, 接近して postmark 消印
JOSEPH	: You send them. Is that it, Max?	
MAX	: I'd better press your evening clothes, sir. Mr Gillis has not forgotten Madame's New Year's party?	I'd better ⇨ press アイロンをかける evening clothes （礼装の）イブニング・ドレス
JOSEPH	: No, no, I haven't. I suppose all the waxworks are coming?	
MAX	: I wouldn't know, sir. Madame made the arrangements.	make arrangement 準備する, 手配する

After Max leaves, Joseph opens the door to Norma's room.

JOSEPH	: (v.o.) There it was again. That room of hers. All satin and ruffles. And that bed like a gilded rowboat. The perfect setting for a silent movie queen. Poor devil. Still waving proudly to a parade which had long since passed her by.	There it was ⇨ ruffle （服などの）ひだ飾り, フリル gilded rowboat ⇨ Poor devil ⇨ wave 手を振る proudly 誇らしげに

INT. NORMA'S MANSION - NIGHT - Later, Joseph goes downstairs wearing a tuxedo.

JOSEPH	: (v.o.) It was at her New Year's party that I found out how she felt about me.

ジョー	:	なぜ？　理由があるはずだ。
マックス	:	医者の指示です。
ジョー	:	どの医者だ？
マックス	:	奥様の主治医です。奥様は鬱の状態になるときがあります。何度かこれまでに自殺を図られたことがありました。
ジョー	:	ふうん。
マックス	:	私たちは気をつけなければなりません。睡眠薬もカミソリの刃も置かないようにしなけりゃ。奥様の部屋のガスも止めています
ジョー	:	なぜ？　仕事のこと？　彼女は十分に幸せだった。忘れられていないし、今でもファンレターももらっている。
マックス	:	私はあえて消印を注意深く見ないようにしております。
ジョー	:	君が送っている。そうじゃないのか、マックス？
マックス	:	あなたの夜会服にアイロンをかけましょう、だんな様。ギリス様は奥様の新年会をお忘れではないですよね？
ジョー	:	いや、いや、忘れてないよ。ろう人形たちが来るんだろう？
マックス	:	私にはわかりません、だんな様。奥様が手配されたので。

マックスが出ていき、ジョーはノーマの部屋のドアを開ける。

ジョー	:	（画面外）また出てきた。彼女の部屋だ。すべてサテンで、ひだ飾りがついている。そしてそのベッドは金箔の漕ぎ船のようだ。無声映画の女王にふさわしい完璧な設定だ。かわいそうな人だ。もうずいぶん長いこと彼女に愛想を尽かしている群衆に、今だに誇らしげに手を振っている。

屋内－ノーマの邸宅－夜－後でジョーはタキシードを着て下の階に下りていく。

ジョー	:	（画面外）彼女が僕をどう思っているのかに気がついたのは、彼女の新年会でのことだった。

■ how come?
whyとは違って主に口語で用いられる表現で、「How come + S + V?」と表す。
ex. How come you know that?（どうしてそのことを知っているの？）

■ must
主として状態を表す動詞（beなど）と用いて「～に違いない」という推量の意を表す。この意味での否定「～はずがない」はcan'tで表す。
ex. He must have caught a cold.（彼は風邪をひいたに違いない）

■ I'd better
I had betterの短縮形。「～した方がいい」というのが直訳だが、主語がyouである場合、「～しないと大変なことになるぞ」というニュアンスで伝わってしまうことがある。単に「～した方がいい」と伝えるにはIt is better for you to... という使い方が無難である。

■ There it was
「ほらあった」の意で、何かを見つけたときの表現。

■ glided rowboat
「揺られている漕ぎ舟」という意味で、ここでは、豪華なベッドをこのように例えている。

■ Poor devil
「かわいそうな悪魔」だが、devilにはかつて高い地位にいたものが堕ちてしまった状態を表しているとも言われており、かつてサイレント映画の大スターだったノーマをdevilと例えている。

JOSEPH : (v.o.) Maybe I'd been an idiot not to have sensed it was coming. That sad, embarrassing revelation.

Norma dances by herself in front of a band. Seeing Joseph, she dances over to him.

NORMA : Joe! You look absolutely divine. Turn around.
JOSEPH : Oh, please!

Joseph turns around.

NORMA : Come on. Perfect! Wonderful shoulders, and I love that line.
JOSEPH : It's all padding, don't let it fool you.

Norma puts a flower in Joseph's tuxedo jacket.

NORMA : Here.
JOSEPH : You know, to me, getting dressed up was always just putting on my dark blue suit.
NORMA : I don't like the stud that sent. I want you to have a pearl, a big, luscious pearl.
JOSEPH : Well, I'm not going to wear earrings, I can tell you that.
NORMA : Ha, ha, ha, ha. Cute. Come on, let's have a drink.
JOSEPH : Shouldn't we wait for the others?

Norma leads Joseph over to the beverages table. Max holds out a tray with two glasses of champagne. Norma and Joseph take one each.

NORMA : Max, champagne. Careful, it's slippery. I had it waxed. Here's to us! You know, this floor used to be wood, but I had it changed. Valentino said, "There's nothing like tile for a tango." Come on.

Sunset Boulevard

ジョー ：（画面外）そうなることに気がつかなかった僕がばかだった。情けなく当惑するような事実だった。

ノーマはバンドの前で1人で踊っている。ジョーを見て、彼女は踊りながら彼の方に向かう。

ノーマ ：ジョー！　あなたは申し分なく素晴らしいわ。回ってみて。

ジョー ：えっ、よしてくれよ！

ジョーは回ってみせる。

ノーマ ：ねえ、お願い。完璧だわ！　素晴らしい肩幅、そして私はあなたの体のラインが好きだわ。

ジョー ：全部詰め物だ。それにだまされてはいけないよ。

ノーマはジョーのタキシードの上着に花をつける。

ノーマ ：ほら。

ジョー ：いいかい、僕にとっては、正装するときはいつもただ紺色のスーツを着るだけだった。

ノーマ ：私はカフスボタンが好きではないわ。あなたには、真珠を、大きくてあでやかな真珠をつけてほしい。

ジョー ：えっと言っておくけど、僕はイアリングをつけるつもりはないよ。

ノーマ ：ははははは、かわいいわね。ねえ、飲みましょうよ。

ジョー ：客人たちを待つべきではありませんか？

ノーマはジョーを飲み物のテーブルに連れていく。マックスはシャンパンを入った2つのグラスを乗せたトレイを差し出す。ノーマとジョーはそれぞれ1グラスずつ取る。

ノーマ ：マックス、シャンパン。気をつけて、滑りやすいから。ワックスをかけてもらったから。ここは私たちのためのフロアーよ！　ねえ、このフロアーはこれまで木材だったけど、私がそれを変えたの。ヴァレンチノが「タンゴはタイルに限る」と言ってたわ。ねえ、お願い。

■ divine
もともと、「神聖な、神から授かった」などの意がある。転じて、「素晴らしい」という意味になった。

■ It's all padding, don't...it fool you
padding は「詰め物」という意味で、ノーマがジョーの体型を褒めたことに対して、全部詰め物であると茶化している。don't let it fool you は直訳すると「詰め物に君をだまさせてはいけないよ」だが、「詰め物にだまされてはいけないよ」ということである。let の使い方についてはp.77を参照。
ex. Don't let the appearance fool you.
（見た目にだまされてはいけないよ）

■ I had it waxed
「have + O + 過去分詞」で「Oを〜してもらう」という意味になる。
ex. I have my hair cut every other month.
（私は2か月おきに髪を切ってもらう）

■ There's nothing like tile for a tango
「there's nothing like...」で「〜に限る」という意味。映画『オズの魔法使い』でも「there's nothing like...」を用いた有名なセリフがある。
ex. There's nothing like home.（やっぱりお家が一番）

81

JOSEPH	: Not on the same floor with Valentino.	
NORMA	: Just follow me.	follow me ⊙

The two put down their drinks and Norma leads Joseph onto the dance floor. Starting to dance, Norma's veil tickles Joseph's face.

tickle 〜をくすぐる

NORMA	: Don't bend back like that.	bend 曲がる, たわむ
JOSEPH	: It's that thing, it, it tickles.	
NORMA	: It does?	

Norma takes off the tiara and veil and throws it away. She and Joseph continue dancing. Max comes over and picks it up. As Norma rests her head on Joseph's shoulder, he looks at his watch.

take off （体から衣服などを）取る, はずす
tiara ティアラ ⊙
throw away 取り去る, 取り除く
rest one's head on 〜の上に頭を預ける

JOSEPH	: It's quarter past ten. What time they supposed to get here?	It's quarter past ten ⊙ What time they...get here ⊙
NORMA	: Who?	
JOSEPH	: The other guests.	
NORMA	: There are no other guests. We don't want to share this night with other people. This is for you and me.	share 共有する
JOSEPH	: Oh?	
NORMA	: Hold me tighter.	
JOSEPH	: OK.	

Norma and Joseph continue dancing.

JOSEPH	: Come midnight, um…how about blindfolding the orchestra and smashing champagne glasses over Max's head?	blindfold 目隠しする orchestra オーケストラ, 管弦楽団 smash 打ちこわす, 粉砕する
NORMA	: You think this is all very funny.	
JOSEPH	: A little.	

Norma sits on the sofa smoking a cigarette.

JOSEPH	: (v.o.) An hour dragged by. I felt caught like the cigarette in that contraption on her finger.	drag by 時がだらだら過ぎる I felt caught...her finger ⊙ contraption 珍奇な仕掛け（装置）

ジョー	:	ヴァレンチノと一緒のフロアーでなければね。
ノーマ	:	ついていらっしゃい。

2人は飲み物を置き、ノーマはジョーをダンスフロアーへ導く。踊り始めると、ノーマのベールがジョーの顔に軽く触れる。

ノーマ	:	そんなふうに後ろに体をそらさないで。
ジョー	:	その、それが顔に触れるんだ。
ノーマ	:	そうなの？

ノーマはベールのついたティアラを取って、捨てる。彼女とジョーは踊り続ける。マックスがやってきて、それを拾い上げる。ノーマは彼女の頭をジョーの肩に乗せ、ジョーは彼の腕時計を見る。

ジョー	:	10時15分だけど、彼らは何時にここに来ることになっているんですか？
ノーマ	:	誰が？
ジョー	:	ほかの客人たちのことだけど。
ノーマ	:	ほかに客はいません。ほかの人たちと私たちの夜を共有したくないもの。このパーティはあなたと私のためのものよ。
ジョー	:	えっ？
ノーマ	:	しっかりと抱いてちょうだい。
ジョー	:	わかったよ。

ノーマとジョーは踊り続ける。

ジョー	:	真夜中になったら、えっと、オーケストラに目隠しをして、シャンパングラスをマックスの頭で粉々に割ったらどうだろう？
ノーマ	:	あなたはこのパーティをバカバカしいと思っているでしょう。
ジョー	:	少しね。

ノーマはソファに座って巻タバコを吸う。

ジョー	:	（画面外）1時間がたった。私はまるで彼女の指の珍奇なからくりにはまった巻タバコのように感じた。

■ follow me
「一緒について来なさい，こちらへどうぞ」という人を案内するときに用いる表現。

■ tiara
王冠に似た半円形の女性用頭飾り。

■ It's quarter past ten
「10時を四分の一過ぎている」というのが直訳だが，quarter は1時間の四分の一，つまり，15分を表している。10時30分という場合には，It's half past ten. という。

■ What time they...get here?
they の前の are が省略されている。be supposed to で「～することになっている」という意味。何時に到着するのかというもともとの予定を尋ねている。

■ I felt caught like...on her finger
I felt caught は直訳すると「私は捕われの身のように感じた」である。これはジョーがノーマに振り回されている自分自身の状態を妙な仕掛けにはまったタバコに例えている。

NORMA	: What a wonderful next year it's going to be. What fun we'll have. I'll fill the pool for you, or I'll open my house in Malibu and you can have the whole ocean. And when our picture's finished, I'll buy you a boat and we'll sail to Hawaii...	fill いっぱいに満たす Malibu マリブ ○ ocean 海洋 boat ボート, 船 ○ sail to ～へ向けて航行する Hawaii ハワイ
JOSEPH	: Stop it. You're not gonna buy me anything more.	
NORMA	: Don't be silly.	

Norma hands Joseph a present.

hand ～を手渡す

NORMA	: Here. I was going to give it to you at midnight.	
JOSEPH	: Norma, I can't take it. You've bought me enough.	enough 十分に
NORMA	: Shut up! I'm rich, I'm richer than all this new Hollywood trash. Ha, ha, I've got a million dollars.	shut up 黙れ, うるさい trash くず, がらくた
JOSEPH	: Keep it.	
NORMA	: I own three blocks downtown, I've got oil in Bakersfield pumping, pumping, pumping. What's it for but to buy us anything we want.	block 一街区, ブロック ○ downtown 繁華街, 中心街 oil 石油 Bakersfield ベーカーフィールド ○ pump 噴出する, どっと流れる

Agitated, Joseph suddenly stands up.

agitate ～を扇動する, かき立てる

JOSEPH	: Cut out that "us" business.	Cut out...business ○
NORMA	: What's the matter with you?	What's the...you ○
JOSEPH	: What right do you have to take me for granted?	right 権利 take me for granted ○
NORMA	: What right? You want me to tell you?	
JOSEPH	: Has it ever occurred to you that I may have a life of my own, that there, there...there may be some girl that I'm crazy about?	occur to ふと気がつく, ～の心に浮かぶ be crazy about ～に夢中になっている, 熱中している ○
NORMA	: Who? Some car-hop or dress extra?	car-hop (米俗)カーホップ ○

Sunset Boulevard

ノーマ	:	来年は素晴らしい年になるでしょう。楽しくなるわよ。あなたのためにプールに水を張りましょう。またはマリブの家を開けましょう。海はあなたのものよ。そして、映画の撮影が終わったら、ボートを買ってあげる。一緒にハワイへ出航しましょう。
ジョー	:	やめてくれ。これ以上、僕に何かを買ったりしないでくれ。
ノーマ	:	ばか言わないでよ。

ノーマはジョーにプレゼントを手渡す。

ノーマ	:	ほら。真夜中にあなたにあげる予定だったのよ。
ジョー	:	ノーマ、僕はそれをもらえないよ。もう十分僕に買ってくれたじゃないか。
ノーマ	:	黙りなさい。私は金持ちなのよ。ハリウッドのすべての新参者より金持ちなのよ。あはは、私は100万ドル持っているんだから。
ジョー	:	貯めておけばいいのに。
ノーマ	:	私は町の中心街の3区画を所有しているし、ベーカーフィールドの石油も持っている。それは私たちが欲しいものを何でも手に入れるためにあるのよ。

動揺して、ジョーは突然立ち上がる。

ジョー	:	その「私たち」という言葉を使わないでくれ。
ノーマ	:	どうしたの？
ジョー	:	どんな権利があって、あなたは僕をみくびっているんだ？
ノーマ	:	どんな権利？　あなたは私に言ってほしいの？
ジョー	:	あなたは、僕には僕自身の人生があって、えっと、えっと…、僕が夢中になっている女性がいるかもしれないなんて、考えたりしないんだね？
ノーマ	:	誰なの？　ドライブインの給仕とかドレスエキストラとか？

■ Malibu
ロサンゼルス近郊の海岸地域。

■ boat
ここでは、アメリカ大陸からハワイまでを渡れるほどの規模の船。

■ block
都市で四辺を道路で囲まれた一区画のこと。道案内をする際にも、block という表現を用いる。
ex. Go straight for two blocks, and you will find the post office.（2 ブロック真っすぐ進んでください。そうすれば郵便局が見えるでしょう）

■ Bakersfield
アメリカのカリフォルニア州にある都市。

■ Cut out that "us" business.
cut out で「やめる」という意味。"us" business とはノーマの直前のセリフである What's it for but to buy us anything we want. の us や we を受けて、自分とノーマをパートナーのように扱われたジョーがいら立って発した言葉。

■ What's the matter with you?
「どうしたの？」ここでは急に声を荒げたジョーに対して、どうしたのかと尋ねている。

■ take me for granted
「take + O + for granted」で「～を軽くみる、みくびる」の意。ここでは、ノーマがジョーの意思に反して高価なプレゼントを買い与えたり、ジョーを自由にさせないノーマに対して怒りをぶつけている。

■ be crazy about
ex. She is crazy about him.（彼女は彼に夢中だね）

■ car-hop
ドライブインやレストランで駐車中の客に食事を運ぶウェイターまたはウェイトレス。

85

JOSEPH : All I'm trying to say is that I'm all wrong for you. You want a Valentino, somebody with polo ponies, a big shot.

NORMA : What you're trying to say is you don't want me to love you. Say it. Say it.

Norma stands out and stares at Joseph. She slaps him on the cheek before walking off. Joseph watches her climb the stairs. Norma enters her bedroom. Joseph turns to the band which is still playing, then to Max at the beverages table. Joseph goes to the cupboard and grabs his coat. He walks to the door and goes outside, but catches himself on the door handle. He puts on his coat and walks out into the rain.

JOSEPH : (v.o.) I didn't know where I was going. I just had to get out of there. I had to be with people my own age. I had to hear somebody laugh again.

EXT. SUNSET BOULEVARD - NIGHT - Joseph walks along the road in the rain. He turns and puts out his thumb to hitch a ride as cars approach. A MAN and WOMAN in passing cars call out.

JOSEPH : (v.o.) I thought of Artie Green. There was bound to be a New Year's shindig going on in his apartment down in Los Pots.
MAN : Happy New Year.
JOSEPH : (v.o.) Writers without a job, composers without a publisher...
WOMAN : Happy New Year.
JOSEPH : (v.o.) ...actresses so young they still believed the guys in the casting office. A bunch of kids who didn't give a hoot, just so long as they had a yuck to share.

A florist van pulls up to give Joseph a ride.

86

ジョー	：	僕が言おうとしているのは、僕はあなたに全く合わないということです。あなたはヴァレンチノ一族のような人間が欲しいんだ。ポロ用のポニーを持っているような、大物が。
ノーマ	：	あなたが言おうとしているのは、私にあなたを愛してほしくないってことね。そう言えばいいじゃない。言いなさいよ。

ノーマは頑として言い張り、ジョーをにらみつける。彼女は立ち去る前に彼のほおを平手打ちする。ジョーは彼女が階段を上がっていくのを見る。ノーマは自分の寝室に入っていく。ジョーはまだ演奏をしているバンドの方を向き、それから飲み物を置いたテーブルにいるマックスの方を向く。ジョーはクローゼットの方に行き、コートを取る。彼はドアに向かって歩いていき、外に出るが、ドアの取っ手にひっかかる。彼はコートを着て、雨の中歩き出す。

ジョー	：	（画面外）僕はどこに行こうとしているのかわからなかった。とにかくあそこから出なくちゃいけなかった。自分と同じ年ごろのやつらといなくちゃいけなかった。誰かが笑うのをまた聞かなくちゃいけなかった。

屋外－サンセット大通り－夜－ジョーは雨の中道沿いに歩く。彼は振り向いて、車が通りかかると、乗せてもらおうと親指を立てる。通り過ぎる車の中の男女が声をかけてくる。

ジョー	：	（画面外）俺はアーティ・グリーンのことを考えていた。ロス・ポッツのやつのアパートで、正月のどんちゃん騒ぎをやっているはずだった。
男	：	よいお年を。
ジョー	：	（画面外）仕事がない作家たち、出版社がついていない作曲家たち…
女	：	よいお年を。
ジョー	：	（画面外）…女優たちはあまりに若くて、配役担当の男たちをまだ信じていた。一緒に大笑いするネタがある限り関心を示さない、たくさんのガキども。

花屋の車がジョーを乗せるために止まる。

■ be wrong for
ex. He is wrong for you.（相手を選べ）

■ polo pony
特にポロ競技用に飼育され訓練された敏捷な小馬。

■ try to
似たような表現として try ...ing があるが、これは「試しに〜してみる」という意味。
ex. He tried to open the door.（彼はドアを開けようとした）（ドアが開いたかどうかわからない）
cf. He tried opening the door.（彼は試しにドアを開けてみた）（ドアは開いた）

■ thumb
指のことを finger というが、finger というと親指を含めないことが多く、fingers は人さし指（forefinger、index/first finger）、中指（middle/second finger）、薬指（ring/third finger）、小指（little finger、pinkie）を指す。

■ be bound to
ex. That song is bound to be a hit.（あの歌は必ずヒットするよ）

■ Happy New Year.
「あけましておめでとう」
年賀状で A Happy New Year! などと書いてあるものを見かけるが、冠詞の a は不要である。

■ so long as
= as long as
ex. As long as he lives, I am happy.（彼が生きている限り、私は幸せだ）

INT. ARTIE GREEN'S HOUSE - NIGHT - The room is filled with people dancing and a few around a piano singing.

PEOPLE : Hollywood for us
ain't been so good
Got no swimming pool
Very few clothes
All we earn are
buttons and bows

Everyone cheers at the end of the song. Joseph is greeted by TOM, JOHNNY and a WOMAN as he enters the room.

TOM : Hello, Joe.
JOSEPH : Tom.
WOMAN : How are you, Joe?
JOHNNY : Hi, Joe.
JOSEPH : Johnny.

ARTIE GREEN comes over and shakes Josepeh's hand.

ARTIE : Well, whaddya know, Joe Gillis!
JOSEPH : Hi, Artie.
ARTIE : Where you been keeping that gorgeous face of yours?
JOSEPH : In a deep freeze.
ARTIE : I almost reported you to the Bureau of Missing Persons. (to the crowd) **Fans, you all know Joe Gillis, the well-known screenwriter, uranium smuggler, and Black Dahlia suspect.**

Joseph grabs Artie by the neck.

ARTIE : Come on, gimme your coat.
JOSEPH : Oh, let it ride for a while.
ARTIE : Well, you're gonna stay, aren't you?
JOSEPH : Well, that was the general idea..
ARTIE : Well, come on.

屋内 – アーティ・グリーンの家 – 夜 – 部屋は踊っている人々で埋め尽くされ、ピアノの周りの何人かは歌っている。

人々 ： 俺らにとっちゃハリウッドなんて
　　　　　そんなにイケたとこじゃない
　　　　　プールもなけりゃ
　　　　　着るものだってろくにない
　　　　　俺らが稼ぐものといや
　　　　　ボタンとネクタイそれっきり

歌が終わるとみんながはやしたてる。ジョーは部屋に入っていくときに、トム、ジョニー、そして1人の女性にあいさつをされる。

トム ： やあ、ジョー。
ジョー ： トム。
女 ： 元気？　ジョー。
ジョニー ： よう、ジョー。
ジョー ： ジョニー。

アーティ・グリーンが近寄ってきて、ジョーと握手をする。

アーティ ： おやおや、こいつは驚いた、ジョー・ギリスじゃないか！
ジョー ： やあ、アーティ。
アーティ ： おまえのそのゴージャスな顔、どこに隠してたのさ？
ジョー ： カチカチに凍らせてたんだ。
アーティ ： 行方不明者捜索機関に、おまえのことを頼もうとするところだったよ。（群衆に向かって）ファンの方々、皆さんおなじみのジョー・ギリスですよ。有名な脚本家であり、ウランの密売人であり、ブラック・ダリア事件の容疑者のね。

ジョーはアーティの首をつかむ。

アーティ ： おい、コートを寄こせよ。
ジョー ： ああ、しばらくこのままでいいよ。
アーティ ： え？　しばらくいるんだろ？
ジョー ： うーん、ぼんやりとそう考えてはいたけど…
アーティ ： じゃあ、早く早く。

■ ain't
= haven't

■ shake someon's hands
同じような表現として shake hands with...「〜と握手する」がある。

■ whaddya
= what do you
what do you know は、驚いたときの感嘆詞として、「驚いた！」「まさか！」などの意で使われることがある。

■ Black Dahlia
1947年に起きた殺人事件。黒い服を好んで着ていたため、「ブラック・ダリア」と呼ばれていた女優志望の女性が殺害された。自ら犯人と名乗るものやその関係者が多く出頭したが、殺害の決め手にかけていたため迷宮入りとなり、今でもなお未解決である。

■ come on
「さあ来なさい、さあさあ」などと相手の行動を促すのに用いる。

■ gimme
= give me

Artie strokes Joseph's coat before he takes it off.

ARTIE	:	What is this, mink?

Artie is surprised to see Joseph's tuxedo.

ARTIE	:	Judas H. Priest, who'd you borrow that from? Adolphe Menjou?
JOSEPH	:	Close, but no cigar.
ARTIE	:	Say, you're not really in the smuggling business these days, are you?
JOSEPH	:	Where's the bar?
ARTIE	:	Come on.

Artie leads Joseph to the beverages table.

JOSEPH	:	It's a good party.
ARTIE	:	The greatest. They call me the Elsa Maxwell of the assistant directors.

Many guests put their cups in the punch bowl at the same time. Joseph takes a cup of punch.

ARTIE	:	Hey, wait a minute. Go easy on that punch bowl. Budget only calls for three drinks per extra. Fake the rest.
JOSEPH	:	Say Artie, ah...can I stick around here for a while?
ARTIE	:	Oh, sure. This'll go on all night.
JOSEPH	:	No, I mean can you put me up for a couple of weeks?
ARTIE	:	It just so happens we have a vacancy on the couch.
JOSEPH	:	I'll take it.
ARTIE	:	I'll have the bellhop take care of your luggage.

Artie runs his finger across Betty's bare back.

ARTIE	:	Just ah...register it here.

- stroke ～をなでる
- mink ミンク
- be surprised to ～して驚く
- Judas H. Priest
- Adolphe Menjou アドルフ・マンジュー
- cigar 葉巻
- smuggling 密輸
- Elsa Maxwell エルザ・マックスウェル
- assistant director 助監督
- punch bowl パンチボウル
- at the same time 同時に
- go easy （話）（飲食物などを）控えめにする、ほどほどにする
- budget 予算
- call for ～を要求する
- per ～につき、～ごとに
- extra 追加分
- fake 偽造する
- stick around あたりをぶらぶらする
- go on 続く
- put up 宿泊させる
- It just so happens たまたまちょうど～である
- vacancy 空き、空室
- bellhop
- luggage 旅行かばん、手荷物
- bare 裸の
- register 記名する

アーティはジョーがぬぐ前にコートをなでる。

アーティ　：これ何？　ミンク？

アーティはジョーのタキシードを見て驚く。

アーティ　：たまげたなあ、誰からこんなの借りたんだよ？　アドルフ・マンジューかい？
ジョー　：惜しいけど違うよ。
アーティ　：おい、実際最近は密輸の仕事なんかやっちゃいないんだろ？
ジョー　：酒はどこさ？
アーティ　：来いよ。

アーティはジョーを飲み物が置いてあるテーブルに連れていく。

ジョー　：いいパーティだな。
アーティ　：最高さ。みんな俺を助監督の中のエルザ・マックスウェルって呼んでるよ。

多くの客が、パンチボールの中に同時に自分のカップを突っ込む。ジョーはパンチのカップを取る。

アーティ　：おい、ちょっと待てよ。パンチボールはほどほどにしろよ。会費は3ドリンクまでで、あとは追加料金だ。残りはごまかしちまえ。
ジョー　：ねえアーティ、えっと…しばらくこのあたりにいていいかな？
アーティ　：ああ、もちろんさ。一晩中やってるからな。
ジョー　：いや、俺が言いたいのは、2週間くらい置いてくれってことなんだけど？
アーティ　：たまたまちょうどこのカウチが空いてるよ。
ジョー　：カウチでいいよ。
アーティ　：ボーイにおまえの荷物を片付けるよう言っとくよ。

アーティはベティーのむき出しの背中に指を這わせる。

アーティ　：ただ、えーっと…ここに記名してくれ。

■ be surprised to
「be surprised to + V」で「〜して驚く」という意味。「〜に驚く」という場合には、「be surprised at...」という使い方をする。cf. I was surprised at the news.（私はその知らせに驚いた）

■ Judas H. Priest
この場合は、驚きの意を表す感嘆詞として使われている。

■ Adolphe Menjou
アメリカの映画俳優（1890-1963）。サイレント映画からトーキーの移り変わりから活躍を開始し、『シーク』（The Sheik, 1921）、『巴里の女性』（A Woman of Paris, 1923）、『モロッコ』（Morocco, 1930）、『スタア誕生』（A Star Is Born, 1937）といった作品に出演した。また、1931年に『犯罪都市』（The Front Page）に出演したことでアカデミー賞にノミネートされた。

■ Elsa Maxwell
アメリカのコラムニスト、小説家（1883-1963）。世界でも有名な party giver といわれており、変わった趣向を凝らしたパーティを企画するのが趣味のようなものだった。おもしろいパーティをやって人気を集めたいときはエルザ・マックスウェルに頼めばいいという評判ができて、社交界で引っ張りだこになったほどである。ここでは、ジョーが「素晴らしいパーティだ」と褒めたので、アーティが彼女の名前を出したのである。

■ punch bowl
半球形の大きなガラス製ボウル。

■ bellhop
= bellboy

Betty turns around. She puts her arm around Artie.

BETTY	:	Hello, Mr Gillis.
JOSEPH	:	Hello.
ARTIE	:	You know each other?
BETTY	:	Let me help you. Betty Schaefer, Sheldrake's office.
JOSEPH	:	Oh, sure, "Bases Loaded."
ARTIE	:	Wait a minute. This is the woman I love. What's going on? Who is loaded?
JOSEPH	:	Don't worry. She's just a fan for my literary output.
BETTY	:	Hurt feelings department.
JOSEPH	:	Yeah, about that luggage, where's the phone?
ARTIE	:	Over by the rainbow room.

Joseph goes over to the phone, but two laughing WOMEN are using it.

JOSEPH	:	Say, when you're through with that thing, can I have it?

One of the women nods to Joseph. Betty comes over with Joseph's punch.

BETTY	:	Hey, you forgot this.
JOSEPH	:	Thanks.
BETTY	:	I've been hoping to run into you.
JOSEPH	:	What for? To recover that knife you stuck in my back?
BETTY	:	No, I felt a little guilty, so I got out some of your old stories.
JOSEPH	:	Why, you sweet kid.
BETTY	:	There's one's called "Window." Something with a window.
JOSEPH	:	"Dark Windows." How'd you like it?
BETTY	:	Oh, I didn't.
JOSEPH	:	Thank you.

ベティーが振り向く。彼女はアーティに腕を回す。

ベティー　：こんにちは、ギリスさん。
ジョー　：こんにちは。
アーティ　：おまえら、知り合い？
ベティー　：助け舟を出しましょう。ベティー・シェーファーです、シェルドレイクのオフィスにいた。
ジョー　：ああ、はい、「満塁」の。
アーティ　：待てよ。こいつは俺が惚れてる女だぜ。どうしたってんだい？　誰が妊娠したって？
ジョー　：心配すんな。彼女はただ俺の作品のファンなんだ。
ベティー　：気持ちを傷つけるのが得意な。
ジョー　：うん、あの荷物なんだけど、電話どっかにある？
アーティ　：虹の間の隣だよ。

ジョーは電話の方に行くが、2人の笑っている女たちが電話を使っている。

ジョー　：ねえ、君たちがそれ使い終わったら、僕が使っていい？

女の内の1人がジョーにうなずく。ベティーがジョーのパンチを持って近づいてくる。

ベティー　：ねえ、あなたこれ忘れてたわよ。
ジョー　：ありがとう。
ベティー　：あなたに会いたいって思ってたわ。
ジョー　：何で？　僕の背中に突き刺したナイフを取り返すためかな？
ベティー　：いいえ、私、ちょっと罪悪感じちゃって、あなたの古い作品をいくつか読んだの。
ジョー　：へー、優しいんだね。
ベティー　：「窓」っていうのがあったわ。窓に関するやつ。
ジョー　：「暗い窓」だね。どうだった？
ベティー　：よくなかった。
ジョー　：どうも。

■ Let me help you
「手を貸しましょう、お手伝いしましょう」の意で、「let + O + 動詞の原形」で「Oに～させる」という使役の意である。強制的にさせるという意味ではない。ほかの使役動詞についてはp.77を参照。
ex. Let me introduce myself.（自己紹介いたします）

■ What's going on?
「どうしたんだ、どうなっているのか、何が起こっているのか」など、状況が把握できないときに使う表現。
ex. What's going on between you and Larry?（あなたとラリーってどうなってるの？）

■ punch
果汁などを混ぜ合わせて作るアルコール飲料またはソフトドリンク。

■ Why
ここでは「おや、まあ」など、驚きを表している。

■ Dark Windows
ジョーが書いた脚本の名前。

■ how'd you like it?
= How did you like it?

BETTY : Except for about six pages. You've got a flashback there... Is there someplace we can talk?

JOSEPH : How about the rainbow room?

Joseph and Betty head for the bathroom. Artie stops them.

ARTIE : Hey, Joe. I said you could have my couch. I didn't say you could have my girl.

BETTY : Oh, this is shop talk.

Betty puts her hand on Artie's mouth. Betty and Joseph go into the bathroom.

JOSEPH : Now, if I got you correctly, there's a short stretch of my fiction which you found worthy of notice?

BETTY : The flashback scene in the court room when she tells about being a schoolteacher.

JOSEPH : I had a teacher like that once.

BETTY : Maybe that's why it's good. It's true, it's moving. Now, why don't you use that character?

JOSEPH : Who wants true? Who wants moving?

BETTY : Drop that attitude. Here's something really worthwhile.

JOSEPH : You want me to start right away? Maybe there's some paper around.

BETTY : I'm serious. I've got a few ideas.

JOSEPH : And I got a few ideas of my own. One of them being this is New Year's Eve, how about living it up a little?

BETTY : As for instance?

JOSEPH : Well...

ベティー	: 6ページくらい以外はね。回想するところよ…お話できる所あるかしら？
ジョー	: 虹の間じゃどうかな？

ジョーとベティーはバスルームへ向かう。アーティが彼らを止める。

アーティ	: おい、ジョー。俺のカウチを使っていいとは言ったけど、俺の女をやるとは言ってないぞ。
ベティー	: あら、これは仕事の話なのよ。

ベティーはアーティの口に手をやる。ベティーとジョーはバスルームに入る。

ジョー	: で、僕が正しく君を理解していたら、君は僕の作品の中に注意する価値がある部分がちょっとあるっていうことだったよね？
ベティー	: 法廷での回想シーンよ。あの女の人が教師になったことについて話すところ。
ジョー	: 僕は昔あんな感じの教師に習ったことがあるんだ。
ベティー	: たぶんだからいいのね。真実味があるし、感動的だわ。でも何であのキャラを使わないの？
ジョー	: 誰が真実を欲しがる？　誰が感動を欲しがるんだい？
ベティー	: その態度、やめなさいよ。それって本当に大事なことなのよ。
ジョー	: 僕にすぐに取りかかってほしいかい？　たぶんそこらへんに紙があるだろう。
ベティー	: 私本気よ。いくつかアイデアがあるの。
ジョー	: そして僕には自分のアイデアがある。そのうちの1つは、今日は大みそかなんだから、ちょっとは思い切り楽しもうよっての。
ベティー	: 例えば？
ジョー	: そうだなあ…

■ bathroom
浴室のことだが、トイレと一体になっていることが多い。特にアメリカではトイレのことを bathroom と言う。toilet はイギリスでの一般的な言い方。water closet (wc) という表記を日本でよく見かけるが、これはトイレの古い言い方である。restroom はデパートやレストランなど公衆の化粧室、トイレを表す。lavatory も化粧室、トイレの意味だが、飛行機では toilet などよりも lavatory と表示されていることが多い。使用中の場合は occupied、空いているときは vacant と表示される。

■ that's why
ex. That's why I'm here now. (そういうわけで私は今ここにいるのです)

■ worthwhile
worth も「〜の価値がある、〜に値する」という意味である。
ex. This book is worth reading. (この本は読む価値がある)

■ of one's own
ex. I'm thinking of getting a car of my own. (私は自分の車を買おうと思っている)

■ for instance
= for example

BETTY	: We could make some paper boats and have a regatta. Or we could turn on the shower full blast.	regatta レガッタ, ボートレース turn on （水道などの栓を）開ける full blast 思いっきり, 目いっぱい
JOSEPH	: How about capturing the kitchen and barricading the door?	how about ～はどうですか capture 占拠する, 乗っ取る barricade ～をバリケードで囲む（ふさぐ）
BETTY	: Are you hungry?	
JOSEPH	: Hungry? After twelve years in the Burmese jungle, I'm starving, Lady Agatha...starving for a white shoulder.	Burmese ビルマの jungle ジャングル starve 飢えに苦しむ
BETTY	: Phillip, you're mad.	mad 気が狂っている, 正気でない
JOSEPH	: Thirsting for the coolness of your lips.	thirst for ～を切望する

As Joseph is about to kiss Betty, the woman from the phone comes in laughing.

be about to まさに～しようとしている ↻

WOMAN	: You can have the phone now.	
BETTY	: No, Phillip, no. We must be strong. You're still wearing the uniform of the Coldstream Guards. Furthermore, you can have the phone now.	uniform 制服 Coldstream Guards コールドストリーム近衛歩兵連隊 ↻ furthermore さらに, その上
JOSEPH	: OK.	

Joseph pulls himself away from Betty and stands up.

pull away ～を引き離す

JOSEPH	: Suddenly I find myself terribly afraid of losing you.	terribly ひどく afraid of ～を恐れる ↻
BETTY	: You won't. I'll get us a refill of this horrible liquid.	refill （飲み物の）おかわり horrible 恐ろしい, ひどく不快な liquid 液体
JOSEPH	: You'll be waiting for me?	
BETTY	: With a wildly beating heart.	wildly 激しく, ひどく beating heart 心臓の鼓動
JOSEPH	: Life can be beautiful.	

Joseph backs out of the bathroom and picks up the phone. He moves a woman's arm which is in the way.

pick up 持ち上げる, 手に取る
in the way 邪魔になって

JOSEPH	: Hello, Max. This is Mr. Gillis. I want you to do me a favor.	I want you...a favor ↻

INT. NORMA'S MANSION / ARTIE'S HOUSE - NIGHT - Joseph and Max talk on the phone.

Sunset Boulevard

ベティー	: 紙でボートを作って、レースをしましょう。それか、シャワーを全開にするとか。	
ジョー	: キッチンを乗っ取って、ドアにバリケードを作るってのは？	■ how about 提案を表す表現。 ex. How about going to karaoke?（カラオケに行かない？）
ベティー	: おなかすいてるの？	
ジョー	: 腹が減ったかって？ ビルマのジャングルに12年もいたんだぜ、飢えてるさ。アガサ嬢、白い肩に飢えてるんだ。	
ベティー	: フィリップ、あなた頭おかしいわよ。	
ジョー	: 君の唇の冷たさが欲しくてたまらないんだ。	

ジョーがベティーにキスしようとしていると、電話が終わった女が笑いながら来る。

女	: もう電話使っていいわよ。	■ be about to ex. I was about to call you.（今電話しようと思っていたの）
ベティー	: だめよフィリップ、だめ。私たち、強くならなくちゃ。あなたはまだコールドストリーム近衛歩兵の制服を着ているんですもの。それに、もう電話使えるし。	■ Coldstream Guards 陸軍近衛師団（the Guards Division）に属する近衛歩兵連隊。1650年にスコットランドのコールドストリームで創設された最古の連隊。
ジョー	: わかったよ。	

ジョーはベティーから身を離し、立ち上がる。

ジョー	: 突然だけど、僕は君を失うのが怖いって気づいた。	■ afraid of 「したくないことをしてしまうのを恐れる」または「起きてほしくないことが起きてしまうのを恐れる」という場合に用いる。「したいのに怖くてできない」という場合にはbe afraid to doを用いる。 ex. What are you so afraid of?（何をそんなにビクビクしているの？）
ベティー	: 失うことはないわ。私、この恐ろしい液体のおかわりをもってきてあげる。	
ジョー	: 僕を待っていてくれるの？	
ベティー	: 激しく心臓を高鳴らせて。	
ジョー	: 人生は素晴らしきかな。	

ジョーはバスルームから戻り、電話を取る。彼は邪魔になる女性の腕を動かす。

ジョー	: もしもし、マックスかい。ギリスだ。頼みたいことがあるんだ。	■ I want you to do me a favor 「お願いがあるんだけど」という意味で、Will you do me a favor? や Do me a favor? ともする。

屋内－ノーマの邸宅／アーティの家－夜－ジョーとマックスが電話で話す。

97

MAX : I'm sorry, Mr. Gillis. I cannot talk now.

JOSEPH : Yes, you can. I want you to get my old suitcase and put in all my old clothes. The ones I came with. And my typewriter. I'll have somebody pick them up.

MAX : I have no time to do anything now. The doctor is here.

JOSEPH : What doctor? What's going on?

MAX : Madame got the razor from your room and she cut her wrists.

Max hangs up the phone.

JOSEPH : What? Max! Max!

Joseph is in shock as Betty comes over with some punch.

BETTY : I just got the recipe. You take two packages of cough drops and dissolve in one gallon of lukewarm grape juice and...

Joseph stands up and pushes his way through the crowd to the door.

ARTIE : Hey, Joe!

EXT. / INT. NORMA'S MANSION - NIGHT - A TAXI DRIVER drops Joseph off at the mansion.

TAXI DRIVER: Happy New Year!

Joseph runs in the door as Max and the doctor come down the stairs.

JOSEPH : How is she?

MAX : She's up in her room. Be careful, don't race upstairs. The musicians mustn't know what happened.

マックス	：	申し訳ありません、ギリス様。今お話しできないのです。
ジョー	：	いや、できる。僕の古いスーツケースを出して、僕の古い服を全部入れてほしいんだ。僕が来るときに持ってきたやつさ。そして、タイプライターも。誰かを取りに行かせるから。
マックス	：	今どんなこともやっている時間がないのです。お医者様がこちらにいらして。
ジョー	：	医者だって？　何があったんだ？
マックス	：	奥様があなた様のお部屋からカミソリを持ち出しまして、手首をお切りになられたのです。

マックスが電話を切る。

ジョー	：	何だって？　マックス！　マックス！

ベティーがパンチを持って近づくと、ジョーがショックを受けている。

ベティー	：	レシピを手に入れたわ。咳薬2パックをぬるいグレープジュース1ガロンに溶かすの。そして…

ジョーは立ち上がり、人混みをかき分けてドアの方へ向かっていく。

アーティ	：	おい、ジョー！

屋外／屋内－ノーマの邸宅－夜－タクシーの運転手がジョーを邸宅で降ろす。

タクシー運転手： よいお年を！

マックスと医者が階段を下りているときに、ジョーがドアを開けて駆け込んでくる。

ジョー	：	彼女はどうなんだ？
マックス	：	奥様はご自分のお部屋にいらっしゃいます。お気をつけて、階段を駆け上がらないように。楽団の者たちに何があったのか、感づかれてはいけません。

■ I'll have somebody pick them up
ここの pick up は「（預けていたものを）引き取る、受け取る」という意味であるが、ほかにも「拾い上げる、手に取る」という意味や、「車で拾う、車で迎えに行く、途中で乗せる」という意味もある。
ex. I'll pick you up at your house at 8:30, okay?（8時半に家まで車で迎えに行くけど、いい？）

■ hang up
ほかにも、「中止する、中断する」などの意があり、hang-up という名詞の形では「悩みの種、コンプレックス」という意味もある。
ex. Please hang up. I'll call you back later.（後でお呼びしますので、受話器を置いてお待ちください）

■ be in shock
ex. The noise made her up in shock.（その音で彼女は驚いて起きた）

■ taxi
アメリカのタクシーと言えば、黄色いボディのイエロー・キャブが有名だが、アメリカのタクシーと言っても地域によってタクシー事情は異なるようである。基本的に流しのタクシーというのはないので、レストランやホテルで呼んでもらうしかない。ロサンゼルスでは料金の15～20%をチップとして払うのが相場である。

Joseph runs upstairs to Norma's room. He finds her in her bed with bandages around both wrists. He takes off her shoes.

NORMA	: Go away.
JOSEPH	: What kind of a silly thing was that to do?
NORMA	: To fall in love with you. That was the idiotic thing.
JOSEPH	: Sure would've made attractive headlines. "Great star kills herself for unknown writer."
NORMA	: Great stars have great pride. Go away. Go to that girl of yours.
JOSEPH	: Look, I, I was making that up, because I thought the whole thing was a mistake. I didn't wanna hurt you. You've been good to me. You're the only person in this stinking town that has been good to me.
NORMA	: Why don't you just say thank you and go. Go, go!
JOSEPH	: Not until you promise to act like a sensible human being.
NORMA	: I'll do it again. I'll do it again! I'll do it again.

Norma sobs on her bed as the band downstairs plays Auld Lang Syne. Joseph goes over and sits on the bed next to Norma. He takes her arms off her face.

JOSEPH	: Happy New Year, Norma.
NORMA	: Happy New Year, darling.

Norma reaches up and grabs Joseph's coat collar, pulling him down to her.

ジョーは階段を駆け上がり、ノーマの部屋に行く。彼は両手首に包帯を巻いてベッドに横たわっている彼女を見つける。彼は彼女の靴を脱がせる。

ノーマ ：出ていって。

ジョー ：何てばかなことをしたんですか？

ノーマ ：あなたを好きになったからよ。ばかばかしいことだったわ。

ジョー ：きっと魅力的な見出しになったでしょうね。「大女優、無名の作家のため自ら命を絶つ」。

ノーマ ：大女優はプライドも高いのよ。出ていってちょうだい。自分の女の所に行きなさいよ。

ジョー ：いいですか、僕、僕は、あの件の償いをしようと思っていたんです。あれは全部間違っていたと思ったから。僕はあなたを傷つけたくなかったんです。あなたはずっと僕によくしてくれました。この嫌な町で、僕にずっとよくしてくれたただ１人の人です。

ノーマ ：ただありがとうございましたって言って、出ていって。出ていきなさいよ、出ていきなさいったら！

ジョー ：分別のある人間のように振る舞うって約束してくれるまで、出ていきません。

ノーマ ：またやってやる。またやってやるわよ！　私はまたやってやるんだから。

階下のバンドが「蛍の光」を演奏し、ノーマはベッドの上ですすり泣く。ジョーは近寄って、ベッドの上のノーマの隣に腰掛ける。彼は彼女の顔から腕を取る。

ジョー ：あけましておめでとう、ノーマ。

ノーマ ：あけましておめでとう、愛しい人。

ノーマは手を伸ばしてジョーのコートの襟をつかみ、自分の方へ彼を引き寄せる。

■ unknown
ex. The effects of that drug are still unknown.（その薬の効き目はまだ不明です）

■ hurt
肉体的にも、精神的にも傷つける場合に使う。hurt を用いたことわざに、What you don't know can't hurt you.（知らぬが仏）がある。

■ wanna
= want to

■ Not until you promise
not until は「～するまではない」ということから、ここでは「君が約束したらね」という意味となる。

■ Auld Lang Syne
古くからスコットランドに伝わっていた歌で、現在に至るまで、特に年始、披露宴、誕生日などで歌われる。Auld Lang Syne はスコットランド語で、英訳すると逐語訳では old long since、意訳では times gone by となる。日本では「久しき昔」などと訳す。

■ darling
夫婦や恋人の間の呼びかけ。

5

Call from Paramount

INT. / EXT. NORMA'S MANSION / PARAMOUNT PICTURES - DAY - Max answers the phone downstairs.

MAX	: Hello?	Hello ♪
BETTY	: Is this Crest View five one seven three three? I'm sorry to bother you again, but I've confirmed the number. I must speak to Mr. Gillis.	Crest View　クレスト・ビュー ♪ I'm sorry to bother you ♪ confirm　確かめる, 確認する speak to　〜と話をする
MAX	: He's not here.	
BETTY	: Well, where can I reach him? Maybe somebody else in the house could tell me.	
MAX	: Nobody here can give you any information. And you will please not call again?	information　情報

Norma calls out from the poolside. Max goes out to answer her.

NORMA	: Max! Who was it, Max? What is it?	who is it ♪
MAX	: Nothing, Madame. Somebody enquiring about a stray dog. Our number must be very similar to the number of the pound.	enquire　〜について尋ねる stray dog　野良犬 similar to　〜と似ている pound　（迷い犬, 捨て猫などを収容しておく）動物収容所
NORMA	: Wait a minute. I want you to get out the car. You're to take the script over to Paramount and deliver it to Mr. DeMille in person.	deliver　届ける in person　じかに, 自ら
MAX	: Very good, madam.	Very good ♪

Joseph climbs out of the pool.

JOSEPH	: You're really gonna send that script to DeMille?

パラマウント社からの電話

TIME 00:56:02

屋内／屋外 - ノーマの邸宅／パラマウント映画 - 昼 - マックスが階下で電話に出る。

マックス ： もしもし？

ベティー ： そちらはクレスト・ビューの51733ですか？ 度々お邪魔して申し訳ありませんが、番号は確認しました。ギリスさんとお話しなくてはならないんです。

マックス ： そのような方はこちらにはいらっしゃいませんが。

ベティー ： それでは、どちらなら彼と連絡が取れるでしょうか？ このお宅のほかのどなたかなら教えていただけるんじゃないかしら。

マックス ： 当方にはお宅様に何か情報をお伝えできる者はおりません。それから、もう電話をおかけになるのはやめていただけますか？

ノーマがプールサイドから呼びかける。マックスは彼女に応えるため、外に出る。

ノーマ ： マックス！ 誰だったの、マックス？ 何事？

マックス ： 何でもございません、奥様。迷い犬のことでお尋ねの方です。こちらの番号が保健所の番号にとても似ているようでございまして。

ノーマ ： ちょっと待って。車を出してちょうだい。パラマウントに原稿を持っていって、デミルさんに直接渡してほしいの。

マックス ： 承知しました、奥様。

ジョーがプールから上がってくる。

ジョー ： 本気であの原稿をデミルに送るのかい？

■ Hello.
「もしもし」
電話での呼びかけや、その応答として用いられる。

■ Crest View
カリフォルニア州のモノ群にある非法人地域。

■ I'm sorry to bother you.
「お邪魔してすみません」
bother は「〜に迷惑(面倒)をかける、〜の邪魔をする」という意味。人に話しかけるときの決まり文句で、Excuse me. よりも丁寧な表現である。

■ who is it?
「どなたですか？」の意で、ドア越しにいる訪問者や電話の相手など、顔の見えない相手に対して応答するときに使う表現。

■ Very good.
「かしこまりました」
Certainly. と同様に、お客や目上の人に対して使う決まり文句。

103

NORMA : Yes, I am. This is the day. Here is the chart from my astrologer. She read DeMille's horoscope. She read mine.

JOSEPH : She read the script?

NORMA : DeMille's Leo, I'm Scorpio. Mars has been transiting Jupiter for weeks. Today is the day of the greatest conjunction. Turn around, darling. Let me dry you.

Norma wraps the towel around Joseph.

JOSEPH : I hope you realize, Norma, that scripts don't sell on astrologers' charts.

NORMA : I'm not just selling the script, I'm selling me. DeMille always said I was his greatest star.

JOSEPH : When did he say it, Norma?

NORMA : All right, it was quite a few years ago. But the point is, I've never looked better in my life. You know why? Because I've never been as happy in my life.

INT. CAR - NIGHT - Max chauffeurs Norma and Joseph in the car.

JOSEPH : (v.o.) A few evenings later, we were going to the house of one of the waxworks for some bridge. She'd taught me how to play bridge by then, just as she'd taught me some fancy tango steps, and what wine to drink with what fish.

Norma takes out her cigarette case, but finds it empty.

NORMA : That idiot! He forgot to fill my cigarette case.

Joseph takes out his case and offers a cigarette.

JOSEPH : Here, have one of mine.

NORMA : They're dreadful and make me cough.

---

chart	占星図
astrologer	占星術師
horoscope	占星図, ホロスコープ ◎
Leo	しし座
Scorpio	さそり座
Mars	火星
transit	子午線通過 ◎
Jupiter	木星
conjunction	（占星術の）合, コンジャンクション ◎
dry	～を乾かす
wrap	～を巻きつける
All right ◎	
quite a few	かなり
You know why ◎	
what wine to...what fish ◎	
offer	～を提供する
dreadful	（程度などが）ひどい
cough	咳をする

ノーマ	: ええ、そうよ。今日がその日なの。ほら、私の占星術師からもらった占星図よ。彼女はデミルの星占いをしたの。私のもね。	■ horoscope 人の出生時と天体との関係などがわかる図。
ジョー	: 彼女はあの原稿も読んだの？	
ノーマ	: デミルは獅子座で、私が蠍座。火星は何週もかかって木星を通過するんだけどね、今日が一番よく重なり合う日なのよ。後ろを向いて、あなた。体をふいてあげる。	■ transit 天体が日周運動で子午線を通過すること。 ■ conjunction 2つの天体の角度が0度つまり重なっている場合もしくは非常に接近している場合で、互いに強い影響を及ぼし合うとされる。

ノーマはジョーをタオルで包む。

ジョー	: 気づいてくれよ、ノーマ、原稿は占い師の占星図じゃ売れないよ。	
ノーマ	: 私はただあの原稿を売ろうとしてるんじゃないのよ、私を売ろうとしてるの。デミルは、私は彼の最も偉大な女優だっていつも言ってたわ。	
ジョー	: やつはいつそう言ったんだい、ノーマ？	
ノーマ	: はいはい、かなり前の話ですよ。でも大事なのは、私はこれまでの人生の中で今よりきれいに見えたことはないってこと。なぜだかわかる？　だって人生の中で今くらい幸せなことはないんですもの。	■ All right. 「いいよ、わかったよ」 相手の依頼や申し出に応える表現として用いるのが一般的である。ここでは、ノーマが偉大なスターだったというのはいつの話だとジョーが指摘したことへの返事として、「あなたが言いたいことはわかるわよ」という意味で「はいはい」と言っている。 ■ You know why? = Do you know why?

屋内－車－夜－マックスが車の中のノーマとジョーを車で送る。

ジョー	: （画面外）数日後、僕たちはブリッジをしに、ろう人形の1人の家に行った。彼女がそのときまでにブリッジのやり方を教えてくれた。おしゃれなタンゴのステップや、どの魚にはどのワインを飲むべきかなんてことと同じように。	■ what wine to drink with what fish what...to do で「何の〜で〜したらいいのか」という意味。He knows what buttons to push to make me angry.（彼はどのボタンを押したら私を怒らせるかを知っている）転じて「彼はどうやったら私を怒らせるかを知っている」となる。

ノーマはシガレットケースを取り出すが、それが空なのに気づく。

ノーマ	: あのバカ！　あいつ、私のシガレットケースを補充するの忘れたんだわ。	

ジョーは自分のケースを取り出し、タバコを勧める。

ジョー	: ほら、僕のをあげるよ。	
ノーマ	: あなたのはひどくて咳が出るもの。	

JOSEPH : Pull up at the drugstore, will you Max? (to Norma) **I'll get you some.**

NORMA : You're a darling.

Norma takes out some money and hands some to Joseph.

EXT. / INT. SCHWAB'S PHARMACY - NIGHT - The car pulls up outside the pharmacy. Joseph goes inside to buy some cigarettes.

JOSEPH : **Give me a package of those Turkish cigarettes, ah... Abdullas.**

From behind, Artie makes the sound of a machine gun.

ARTIE : **Stick 'em up, Gillis. Stick 'em up, or I'll let you have it.**

Joseph walks over to Artie and Betty.

JOSEPH : **Hi, Artie. Evening, Miss Schaefer.**
BETTY : **You don't know how glad I am to see you.**

ARTIE : **Walking out on the mob? What's the big idea?**
JOSEPH : **Oh, I'm sorry about New Year's. Would you believe me if I told you I stayed with a sick friend?**
ARTIE : **Someone in the ah, formal set no doubt, with a ten-carat kidney stone?**
BETTY : **Oh, stop it, Artie, will you? Where've you been keeping yourself? I've got the most wonderful news for you.**
JOSEPH : **I haven't been keeping myself at all. Not lately.**
BETTY : **I called your agent, I, I called the Screenwriters' Guild. Finally your old apartment gave me some Crest View number. There was always somebody else with an accent growling at me; you are not there, you are not to be spoken to.**

---

drugstore 薬局

Turkish トルコの
Abdullas アブドラ ◑

Stick 'em up...have it ◑

mob (話)ギャング

formal (洋服が)正装の
no doubt 疑いなく、間違いなく ◑
ten-carat すごい
kidney stone 腎臓結石

lately 最近、このごろ ◑

Screenwriters' Guild 脚本家の組合

accent なまり
growl うなる

106

Sunset Boulevard

ジョー ： そこの薬局で止めてくれるかい、マックス？
（ノーマに）僕が買ってきてあげるよ。

ノーマ ： 優しい人ねえ。

ノーマは金を取り出し、ジョーに手渡す。

屋外／屋内－シュワブの薬局－夜－車が薬局の外で止まる。ジョーが中に入って、タバコを買う。

ジョー ： トルコのタバコ、えっと…アブドラを1つくれ。

後ろから、アーティがマシンガンの音まねをする。

アーティ ： 手を上げろ、ギリス。手を上げるんだ、上げないとおまえに弾を撃ち込んでやるぞ。

ジョーはアーティとベティーに歩み寄る。

ジョー ： よう、アーティ。こんばんは、シェーファーさん。
ベティー ： あなたに会えてどんなにうれしいか、わからないでしょうね。
アーティ ： マフィアから足を洗ったな？ どういうつもりだ？
ジョー ： ああ、正月のことはすまなかった。病気の友達に付き添ってたって言ったら信じてもらえるかな？
アーティ ： 見るからに改まった格好だな、10カラットの腎臓結石付きかい？
ベティー ： もう、やめなさいよ、ね、アーティ。どこに隠れてたの？ ものすごくすてきなニュースがあなたにあるのよ。
ジョー ： 僕は隠れてなんかないよ。最近はね。
ベティー ： 私、あなたのエージェントに電話したのよ、私、私、脚本家組合に電話したの。やっとあなたの前のアパートがクレスト・ビューの番号を教えてくれたの。でも私に怒鳴りかけるようなアクセントの人がいつも出て、あなたはここにはいない、あなたとは話せないって言うの。

■ Abdullas
男性の一般的な名前。ここではタバコの銘柄だと思われる。

■ Stick 'em up, or I'll let you have it
= Stick them up.
Stick 'em upは「手を上げろ」の意で、'emはthem。ここは「命令文＋or...」の文章で、「～しなさい、さもないと～」という意味になる。
ex. Take your umbrella with you, or you will get wet.（傘を持っていきなさい、さもないと濡れますよ）

■ no doubt
= with no doubt
ex. No doubt there is something wrong with it.（それは間違いなくどこかおかしい）

■ lately
類義語としてrecentlyやthese daysがある。

107

BETTY	: They never even heard of you.	hear of ～について聞く ❺
JOSEPH	: Is that so? What's the wonderful news?	
BETTY	: Sheldrake likes the angle about the teacher.	angle （物事の）見方, 切り口
JOSEPH	: What teacher?	
BETTY	: "Dark Windows." I got him all hopped up about it. He thinks it could be made into something.	hop up 興奮させる
JOSEPH	: Okay. Where's the cash?	
BETTY	: Where's the story? I bluffed it out with a few notions of my own. It's really just a springboard. It needs work.	bluff it out ハッタリで難を逃れる notion 考え springboard （ある行為の）きっかけ ❺
JOSEPH	: I was afraid of that.	
BETTY	: I, I've got twenty pages of notes and I've got a pretty good character for the man.	
ARTIE	: Could you write in plenty of background action so they'll need an extra assistant director, huh?	plenty of たくさんの huh ～でしょう ❺
BETTY	: Oh, Artie, shut up. Now, if we could sit down for two weeks to get a story...	
JOSEPH	: I'm sorry, Miss Schaefer, I've given up writing on spec.	give up やめる, あきらめる on spec ヤマ勘で, ダメ元で
BETTY	: But I tell you, this is half sold.	I tell you 思うに, 個人的な意見だけれど ❺ half sold 半分売れたも同然である
JOSEPH	: As a matter of fact, I've given up writing all together.	as a matter of fact 実際のところ

Max stands in the doorway of the pharmacy.

MAX	: Mr. Gillis. If you please?	if you please よろしければ ❺
JOSEPH	: Ah, I'll be right there.	
ARTIE	: The accents! I get it. This guy's in the pay of a foreign government. Check those studs. Get those cuff links.	I get it わかったぞ ❺ cuff link カフスボタン
JOSEPH	: I got to run along. Thanks anyway for your interest in my career.	got to ❺ run along 立ち去る
BETTY	: It's not your career, it's mine. I'd kinda hoped to get in on this deal.	kinda ❺

ベティー	:	あなたのことなんて聞いたこともないって。
ジョー	:	そうなの？　で、すてきなニュースって何だい？
ベティー	:	シェルドレイクが、あの教師の切り口を気に入ってるの。
ジョー	:	どの教師？
ベティー	:	「暗い窓」のよ。それで彼をものすごく興奮させたのよ。彼はこいつは大したものになるぞって思ってるわ。
ジョー	:	わかったよ。で、金はどこだい？
ベティー	:	原稿はどこ？　私自身のアイデアを言って乗り切ってあげたわ。ほんとただのたたき台だけど。絶対に作業が必要なの。
ジョー	:	それを心配してたよ。
ベティー	:	私、私、注意書きを20ページくらいつけたのよ。それに私、あの男に合うかなりいいキャラを考えたの。
アーティ	:	背景になるエピソードをたっぷり書いてくれないか？　そしたら追加の助監督がいるだろ？
ベティー	:	もうアーティったら、黙ってよ。さ、2週間腰を据えて、ストーリーを決めたら…
ジョー	:	申し訳ない、シェーファーさん。ダメ元で書くのはやめたんだ。
ベティー	:	でも言っときますけど、これは半分売れたも同然なのよ。
ジョー	:	実を言うと、書くのは完全にやめたんだ。

マックスが薬局の入り口に立つ。

マックス	:	ギリス様。よろしいですか？
ジョー	:	ああ、すぐ行くよ。
アーティ	:	あのアクセント！　わかったぞ。こいつ、外国政府に雇われてるのさ。このシャツのボタンを見ろよ。このカフスボタンだって。
ジョー	:	急がないと。まあとにかく僕の仕事に興味をもってくれてありがとう。
ベティー	:	これはあなたの仕事じゃない、私のよ。この掘り出し物に賭けたい気がするの。

■ hear of
ここでは「〜について聞く」という意味だが、「〜のうわさを聞く」という意味を持つこともある。似たような表現で hear from があるが、これは「〜から便りがある」という意味である。
ex. I haven't heard anything from him.
(彼から何の音沙汰もない)

■ springboard
本来の意味は「(体操の)踏み切板、(ある行為の)きっかけ」だが、作品に仕上げるために、ベティーがシェルドレイクとのやりとりでとっさに自分のアイディアを話したため、「たたき台」という訳がついている。

■ huh?
付加疑問を表す。
ex. Funny, huh? (おもしろいでしょ？)

■ I tell you
意見を言うときの前置きとして使うが、目上の人には使わない方がよい。

■ if you please
ex. If you please, could you pass me another sandwich? (よろしければ、サンドイッチをもう1つ取っていただけますか？)

■ got to
= have got to

■ kinda
= kind of

BETTY	: I don't want to be a reader all my life. I want to write.	
JOSEPH	: I'm sorry if I crossed you up.	cross...up ～を混乱させる
BETTY	: You sure have.	
JOSEPH	: So long.	so long じゃ

Joseph walks out to the car.

NORMA	: What on earth, darling. It took you hours.	on earth 一体全体 ◎
JOSEPH	: Oh, I ran into some people I know.	
NORMA	: Where are my cigarettes?	
JOSEPH	: Where are your...?	

Norma holds out her hand for the cigarettes.

JOSEPH	: Norma, you're smoking too much.

Joseph hands back the money.

INT. NORMA'S MANSION - DAY - Norma swirls a parasol as she stands on a table giving a performance for Joseph who lies on the sofa.

swirl くるくる回す

JOSEPH	: (V.O.) Whenever she suspected I was getting bored, she would put on a live show for me. The Norma Desmond Follies. Her first number was always the Mack Sennett Bathing Beauty.	whenever ～するときはいつでも ◎ suspect 疑う get bored 退屈する follies ◎ Mack Sennett マック・セネット ◎

Norma throws aside the parasol and dives onto Joseph, giggling. Joseph lights a cigarette.

giggle くすくす笑う

NORMA	: I can still see myself in the line: Marie Prevost, Mabel Normand. Mabel was always stepping on my feet. What's the matter with you, darling? Why are you so glum?	Marie Prevost マリー・プレボー ◎ step on ～を踏みつける What's the...you ◎
JOSEPH	: Nothing's the matter. I'm having a great time. Show me some more.	have a great time 素晴らしい時間を過ごす
NORMA	: All right. Give me this. I need it for a moustache. Now, close your eyes. Close them.	moustache 口ひげ ◎

110

ベティー	:	一生閲読係でいる気はないもの。私は書きたいの。
ジョー	:	君を混乱させてしまったなら申し訳ない。
ベティー	:	あなた本当にそうさせてしまっているわ。
ジョー	:	じゃ。

ジョーは外に出て歩いて車に向かう。

ノーマ	:	一体どうしたの、あなた。遅かったわね。
ジョー	:	あー、知り合いたちに偶然会ったんだ。
ノーマ	:	私のタバコはどこ？
ジョー	:	あなたの何がどこだって？

ノーマはタバコを求めて手を差し出す。

ジョー	:	ノーマ、タバコ吸い過ぎだよ。

ジョーはお金を返す。

屋内-ノーマの邸宅-昼-ノーマはテーブルの上に立ちパラソルをくるくる回し、ソファに横になるジョーに演技して見せる。

ジョー	:	（画面外）私が退屈しているのではないかと彼女が思うときはいつでも、彼女は私にライブショーを演じてくれる。ノーマ・デズモンド・レビュー。彼女の最初の出し物はいつもマック・セネット監督の水着美人だ。

ノーマはパラソルを横に投げ捨て、くすくすと笑いながらジョーに飛び乗る。ジョーはタバコに火をつける。

ノーマ	:	今でもコーラスガールの列の中にいる自分が見えるわ。マリー・プレボー、メイベル・ノーマンド。メイベルにはいつも足を踏みつけられたわ。どうしたの、あなた？　なぜそんなにふさぎこんでるの？
ジョー	:	何でもないよ。すごく楽しんでるよ。もうちょっと見せてよ。
ノーマ	:	いいわよ。これちょうだい。口髭を描くのに必要なの。さあ、目を閉じて。閉じてよ。

■ on earth
whatなど疑問詞の後ろに使い、疑問の気持ちを強調する。

■ whenever
ex. Whenever I listen to this song, I feel happy.（この曲を聴くといつでも、私は幸せな気持ちになる）

■ follies
グラマーな女性が出演する時事風刺劇（レビュー）で、単数扱い。

■ Mack Sennett
アメリカの映画プロデューサー、映画監督、脚本家、俳優であり、ドタバタ喜劇で知られている。日本のバラエティ番組でパイ投げをするところをしばしばみかけるが、彼の監督作品『キーストーン・コップス』（Keystone Kops）シリーズがその始まりである。

■ Marie Prevost
サイレント時代の女優でコメディエンヌ。

■ What's the matter with you?
「どうしたの？」
相手がふさぎこんでいたり、悲しそうにしているときにかけてあげる決まり文句。What's wrong with you? ともする。

■ moustache
日本語では「ひげ」と一般的に言われるが、英語では「あごひげ」はbeard、「口ひげ」はmoustacheと区別して使う。通常、両方とも前にaをつける。

Norma takes a match from Joseph and closes his eyes. She gets up off Joseph.

JOSEPH : (v.o.) Something was the matter all right. I was thinking about that girl of Artie's, that Miss Schaefer. She was so like all us writers when we first hit Hollywood, itching with ambition, planning to get your names up there: "Screenplay by", "Original story by." Huh. Audiences don't know somebody sits down and writes a picture. They think the actors make it up as they go along.

NORMA : Open your eyes.

Norma strolls into the room dressed as Charlie Chaplin. She does an impersonation of him. Max walks in behind her.

MAX : Madame is wanted on the telephone.
NORMA : You know better than to interrupt me.
MAX : Paramount is calling.
NORMA : Who?
MAX : Paramount Studios.
NORMA : (to Joseph) Now, now do you believe me? I told you DeMille would jump at it.
MAX : It is not Mr. DeMille in person, it is someone by the name of Gordon Cole. He says it's very important.
NORMA : Certainly it's important. It's important enough for Mr. DeMille to call me personally. The very idea of having some assistant call me! Say I'm busy and hang up.
MAX : Very good, Madame.

Max leaves the room.

ノーマはジョーからマッチを取り彼の目を閉じる。彼女は立ち上がり彼から離れていく。

ジョー : (画面外)確かに何でもないことはなかった。私はアーティのあの女の子のことが頭から離れなかった。あのシェーファーさんのことが。僕たちが初めてハリウッドに着いたとき、彼女は野望でうずうずしていて、「シナリオ〜作」「原作〜」のように自分の名前を上げたくて、われわれ作家みんなとまるで同じだった。はあー。どうせ観客は誰かが座って映画を書いていることなど知りはしない。俳優たちが演技していくうちに映画を作り上げていると思ってるんだ。

ノーマ : 目を開けて。

ノーマはチャーリー・チャップリンの格好をして部屋に歩いて入ってくる。彼女はチャップリンのまねをする。マックスが彼女の後ろから入ってくる。

マックス : 奥様にお電話が入っております。
ノーマ : 邪魔しないで。
マックス : パラマウント社からお電話でございます。
ノーマ : 誰ですって?
マックス : パラマウント社のスタジオからでございます。
ノーマ : (ジョーに)ほら、やっと私のこと信じてもらえる? デミルは飛びついてくるって言ったでしょう。
マックス : デミル様ご本人ではございません。ゴードン・コールという名前の方でございます。とても重要な用件だとおっしゃっておりますが。
ノーマ : もちろん重要なことでしょうね。デミル監督が私に個人的に電話してくるくらい重要なことなのでしょう。助手に電話をかけさせるなんてとんでもないわ! 私は忙しいと言って電話を切ってちょうだい。
マックス : かしこまりました、奥様。

マックスは部屋から立ち去る。

■ itch
ex. I still itch to play the video game time after time.(私は今でもそのテレビゲームがしたくてうずうずするときが何度もある)

■ Charlie Chaplin
イギリスの映画俳優、映画監督、コメディアン、脚本家、映画プロデューサーである。映画の黎明期に数々の作品を作り上げ、「喜劇王」の異名をもつ。愛称は「チャーリー」、または「シャルロ(Charlot)」。各種メディアを通じ、現在においても彼の姿や作品にふれることは容易である。また、バスター・キートンやハロルド・ロイドと並び、「世界の三大喜劇王」と呼ばれる。独裁者アドルフ・ヒトラーを皮肉った映画『独裁者』(The Great Dictator, 1940)で有名だが、そのモデルとなったヒトラーと誕生年月が同じ1889年4月である。

■ Madame is wanted on the telephone
be wanted on the telephone で「電話がかかっている」wanted は「お尋ね者の」という意味。

■ know better than to
to の後ろに動詞の原型を入れて「〜するようなばかなことはしない」という意味。主語が you であれば、結局「〜してはいけない」、「〜しないで」ということになる。

■ The very idea of...
「〜するとは何てばかなことだ」という意味で、驚きや不満を表す。別の言い方で言い換えると、この場合、The nerve of him having some assistant call me! ともできる。

NORMA	: How do you like that? We've made twelve pictures together. His greatest successes!	How do you like that ⇨ successes 成功, 大当たり
JOSEPH	: Maybe he's busy. Maybe he's shooting.	
NORMA	: Ha, ah, ah. I know that trick! He's trying to belittle me. He's trying to get my price down. I've waited twenty years for this call. Now DeMille can wait until I'm good and ready.	belittle 見くびる, けなす until I'm good and ready ⇨

Norma throws her hat down in anger.　　　　　　　　　　in anger 怒って

チャールズ・ブラケットについて

　アメリカの映画脚本家チャールズ・ブラケットは、1892年アメリカのニューヨーク州の出身。1969年カリフォルニア州のビバリーヒルズで76年の生涯を閉じるまで、数多くの著名な作品を世に残した有能な脚本家である。

　政治家であり法律家でもある父を持つブラケットは、マサチューセッツ州の名門私立大学ウィリアムズ大学を卒業後、1920年にハーバード大学で法学の学位を取得している。第一次世界大戦中は、勉学を中断し海外派遣軍の一員としてヨーロッパで兵役に就いた。その間フランスの副領事を務めるなど、その功績がたたえられフランス名誉勲章を授与されている。戦後、ハーバード大学での修学を終え、小説 The Counsel of the Ungodly (1920) を出版。それ以降、Week-End (1925)、That Last Infirmity (1926)、American Colony (1929)、そして Entirely Surrounded (1934) という5つの小説を書き上げている。

　ブラケットは、小説執筆の傍ら、週刊文芸誌 The New Yorker の演劇評論家としての仕事も担った。また、アメリカの週刊誌 The Saturday Evening Post や Collier's、文化・ファッションを扱った雑誌 Vanity Fair の寄稿者としても活躍した。1932年、ブラケットはカリ

ノーマ	：何てことでしょう？　私たちは一緒に12作の映画を撮ってきたのよ。彼の一番のヒット作だったんじゃない！
ジョー	：たぶん彼は忙しいんだよ。きっと映画の撮影中なんだよ。
ノーマ	：アッハッハッ。たくらみがわかったわ！　彼は私を見くびっているのね。私の出演料を値切ろうとしてるのよ。私はこの電話を20年間待っていたの。今度はデミルが、私がその気になるまで待てばいいのよ。

ノーマは怒って帽子を投げ捨てる。

■ How do you like that?
What do you think of that? と同じようなニュアンス。「それについてどう思う？、ひどいことでしょう？」という意味。

■ until I'm good and ready
「私が十分準備ができるまで」ということなので、通常、少しむっとした気分で「本気でやる気が出てくるまで」という意味。

フォルニア州のハリウッドにスタジオを構える映画会社パラマウント社と契約。1934年には脚本家として初めての映画 Enter Madam! を世に送り出した。

　1936年、ブラケットに大きな転機が訪れる。それは『サンセット大通り』の監督も務めたビリー・ワイルダー（Billy Wilder）とのコラボレーションである。そしてこの2人の協働により、『少佐と少女』（1942）、『失われた週末』（1945）、『皇帝円舞曲』（1948）など、13 ものすぐれた作品が生み出された。

　ブラケットは1945年に製作した『失われた週末』以降、数多くの作品において、脚本だけではなく製作にも精力的に取り組んでいく。そして、この年に『失われた週末』で、製作者、および脚本家としてアカデミー賞を受賞。その後も、1950年に『サンセット大通り』で、1953年には『タイタニックの最期』でアカデミー賞を受賞している。その他著名な作品として、『青髭八人目の妻』（1938）、『ニノチカ』（1939）、『ナイアガラ』（1953）、『王様と私』（1956）などが挙げられる。

　　　　　　　　　　　山崎　祐一（長崎県立大学教授）

6

Return to the Studio

INT. CAR - DAY - Max chauffeurs Norma and Joseph to see DeMille. Norma fixes her makeup.

JOSEPH : (v.o.) About three days later, she was good and ready. Incredible as it may seem, there'd been some more of those urgent calls from Paramount. So she put on about half a pound of make-up, fixed it up with a veil, and set forth to see DeMille in person.

Max watches Norma in the rear-view vision mirror.

MAX : If madame will pardon me, the shadow over the left eye is not quite balanced.
NORMA : Thank you, Max.

She touches up her makeup.

EXT. / INT. PARAMOUNT STUDIOS - DAY - The car arrives at the studio gate. Max honks the horn. MAC calls out.

MAC : Hold that noise!

The gateman comes over to the car.

MAC : Hey!
MAX : To see Mr. DeMille, open the gate.

MAC : Mr. DeMille is shooting. You got an appointment?
MAX : No appointment necessary. I'm bringing Norma Desmond.
MAC : Norma who?
MAX : Norma Desmond.

---

fix 直す ◑
make up 化粧をする

incredible 信じられない, 驚くべき
urgent 緊急の
she put on...of make-up ◑

set forth 出発する

If madame will pardon me ◑
balance 釣り合う, バランスを取る

touch up (仕上げのために)修正する, 加筆する

honk the horn クラクションを鳴らす

Hold that noise ◑

appointment (人と会う)約束, 予約

スタジオ再訪

TIME 01:03:54
☐☐☐☐☐☐

屋内－車－昼－マックスはデミルに会うためにノーマとジョーを車で連れていく。ノーマが化粧直しをする。

ジョー ： (画面外) それから３日くらいたった後で、彼女はその気になっていた。信じられないかもしれないが、パラマウント社からまた何回か緊急電話があった。そこで彼女は念入りに化粧をし、ベールで身を整え、デミルにじかに会いに行った。

マックスはバックミラーでノーマを見る。

マックス ： 失礼ですが奥様、左目のアイシャドーのバランスがとれていないようですが。

ノーマ ： ありがとう、マックス。

ノーマが化粧を直す。

屋外／屋内－パラマウント社のスタジオ－昼－車がスタジオの門に到着する。マックスがクラクションを鳴らす。マックが叫ぶ。

マック ： うるさい！

門番が車の所までやってくる。

マック ： おい！
マックス ： デミル監督に会いに参りました。門を開けてください。
マック ： デミル監督は映画の撮影中だ。アポは取ってあるのか？
マックス ： アポは必要ありません。ノーマ・デズモンドをお連れしました。
マック ： ノーマ誰だって？
マックス ： ノーマ・デズモンドです。

■ fix
ここでは「（化粧を）直す」という意味だが、「（壊れたものを）修理する」という意味もある。その場合は、主にアメリカで用いられる表現である。ほかにも repair や mend といった単語があるが、repair は複雑で大掛かりな機械などの修理をする際に用い、mend は洋服を縫うとかおもちゃを修理するなど、手先で比較的簡単に直せる場合に用いる。

■ she put on...of make-up
「約２分の１ポンドの化粧をする」と言っているのだから「念入りにたくさん化粧をする」ということ。

■ If madame will pardon me
Excuse me, Madame.（失礼ですが、奥様）の非常に丁寧な言い方。

■ Hold that noise
hold は「抑える、制する」という意味。「騒音を抑える」ということから、「うるさい、静かにしてくれ」などという意味になる。

NORMA : Jonesy, hey, Jonesy.

JONESY sits in the gate room. He steps out to the gate.

gate room 守衛室

JONESY : Yeah? Why, if it isn't Miss Desmond! How've you been, Miss Desmond?

why おや、まあ

NORMA : (v.o.) Open the gate.
JONESY : Sure, Miss Desmond. Come on, Mac.

come on さあ ◐

MAC : They can't drive on the lot without a pass.

pass 通行証, 入場許可証

JONESY : Miss Desmond can. Come on.

Jonesy and Mac open the gates, letting the car drive through.

NORMA : Where's Mr. DeMille shooting?
JONESY : Stage eighteen, Miss Desmond.
NORMA : Thank you, Jonesy. And teach your friend some manners. Tell him, without me he wouldn't have any job, because without me there wouldn't be any Paramount Studio.

manner 行儀, マナー
without me...job ◐

JONESY : You're right, Miss Desmond.

right 正しい

NORMA : Go on, Max.

The car drives into the studio. Jonesy gets on the phone to inform of Norma's arrival.

inform 知らせる ◐

JONESY : Stage eighteen.

In a studio, DEMILLE directs the shooting of a scene.

DEMILLE : (v.o.) All right. Get, get, ah... notify Henry Wilcoxon, just clear a bit, will ya? Ah, spread that thing out so I can see it. Keep quiet a little bit back there!

notify （正式に人に）通知する
will ya ◐
spread 広がる
so I can see it ◐

A MAN gets off the phone and informs another of Norma's arrival.

MAN 1 : Norma Desmond's coming in to see Mr. DeMille.

118

ノーマ ： ジョンズィー、ねえ、ジョンズィー。

ジョンズィーは門の守衛室に座っている。彼はそこを出て門に向かう。

ジョンズィー: はい？ おや、デズモンドさんじゃないですか！お元気でしたか、デズモンドさん？
ノーマ ： (画面外)門を開けてちょうだい。
ジョンズィー: もちろんです、デズモンドさん。さあ、マック。
マック ： 許可証がなければ敷地には車では入れません。
ジョンズィー: デズモンドさんは例外だ。さあ。

ジョンズィーとマックが門を開け、車を通させる。

ノーマ ： デミル監督はどこで撮影してるの？
ジョンズィー: 18番ステージです、デズモンドさん。
ノーマ ： ありがとう、ジョンズィー。それから、あなたのお友だちにマナーを教えてあげてね。言っといて、私がいなかったら彼には仕事がないんだから、私なしではパラマウント・スタジオはないのよ。
ジョンズィー: おっしゃる通りです、デズモンドさん。
ノーマ ： マックス、行って。

車がスタジオに入る。ジョンズィーは電話を取りノーマの到着を伝える。

ジョンズィー: 18番ステージにつないでくれ。

スタジオでは、デミルが映画の一場面の撮影を指揮している。

デミル ： (画面外)よし。あいつを、あいつを、えーっと、ヘンリー・ウィルコックソンに知らせてくれるかな？ ちょっと片付けてくれないかな？ あー、私から見えるようにそこにあるものを広げてくれないか。そこの後ろは少し静かにしてくれ！

1人の男は電話を切って別の男にノーマの到着を知らせる。

男1 ： ノーマ・デズモンドがデミル監督に会いにやってきます。

■ come on
人に何かを促すときに使う。また、「やめてよ」とか「いいじゃないか。(かたいこと言うなよ)」のように、人が言ったことに対して反論するときの表現でもある。

■ without me he wouldn't have a job
文字通りに言うと「私なしには彼は仕事を持っていないだろう」という意味。「もし私がいなかったら」という仮定法。つまり「私がいたから彼は今の仕事に就けているのよ」ということ。

■ inform
「inform + O + of...」で「Oに〜を知らせる」。
ex. I informed my mother of my safe arrival. = I informed my mother that I had safely arrived.(私は母に無事に着いたと伝えた)

■ will ya?
= will you?
命令文につく付加疑問の一種で、穏やかな印象を与える。

■ so I can see it
「私にそれが見えるように」の意で、「so that + 主語 + can...」は「〜が…できるように」の that が省略されている。

DEMILLE : (v.o.) Ah, can you hit that with a light somebody, so I can get a look at that scape. Back up a little bit there, Gabby. Back up. Get out of the way! You fellow at the back, there.

hit	～に命中させる
scape	景観, 風景
get out of the way	邪魔だ, どいてくれ ♦

The second MAN informs another MAN.

MAN 2 : Norma Desmond is coming in to see Mr. DeMille.
MAN 3 : Norma Desmond? Wait a minute.
DEMILLE : Harry Wilcoxon? Draw your sword and raise that drape with it. 'Cause Samson's lying unconscious over here.

draw a sword	刀を抜く
drape	布のたるみ

The man goes over to DeMille.

MAN 3 : Norma Desmond is coming in to see you, Mr. DeMille.
DEMILLE : Norma Desmond?
MAN 3 : She must be a million years old.

She must be...years old ♦

DEMILLE : I'd hate to think where that puts me? I could be her father.
MAN 3 : Very sorry, Mr. DeMille.
DEMILLE : It must be about that awful script of hers. What can I tell her, hm? What can I say?
MAN 3 : I can tell her you're all tied up in the projection room. I can give her the brush.

all tied up	とても忙しい
projection	映写
give...a brush	～に対してすげなくする, 無視する, 追い払う

DEMILLE : Thirty million fans have given her the brush. Isn't that enough?
MAN 3 : I didn't mean to...

I didn't mean to ♦

DEMILLE : No, of course you didn't. You didn't know Norma Desmond as a lovely little girl of seventeen, with more courage and wit and heart than ever came together one youngster.

courage	勇気, 度胸
wit	機転, ユーモア, 頭の回転

MAN 3 : I understand she was a terror to work with.

terror 恐怖を起こさせる人

デミル	:	あー、その景観が見えるように、誰かライトでそれを照らしてくれ。そこもう少し下がって、ギャビー。下がって。そこどいて！ そこの後ろのやつ。

■ get out of the way
Get out of my way! ともする。

2 番目の男が別の男に伝える。

男 2	:	ノーマ・デズモンドがデミル監督に会いにやってくるよ。
男 3	:	ノーマ・デズモンドだって？ ちょっと待っててくれ。
デミル	:	ハリー・ウィルコックソン？ 刀を抜いて、それでそのドレープを上げて。サムソンは意識がなくなってここに倒れている。

男がデミルの所に行く。

男 3	:	ノーマ・デズモンドが会いに来ていますよ、デミル監督。
デミル	:	ノーマ・デズモンドが？
男 3	:	彼女はもう化石のようになっているに違いありませんよ。
デミル	:	彼女がそうなら私はどうなるんだ？ 私は彼女の父親くらいの年齢なんだぞ。
男 3	:	申し訳ございません、デミル監督。
デミル	:	彼女のあのひどい脚本の件に違いない。何と話したらいいのやら、ね？ 何と言おう？
男 3	:	映写室でとても忙しくされていると私が言っておきますよ。すげなくしてお引き取り願いましょう。
デミル	:	3000 万人のファンが彼女に対してすげなくしてきたんだ。それで十分じゃないのか？
男 3	:	そういうつもりじゃ…
デミル	:	まあ、いい。君は 17 歳の愛らしい少女だったころのノーマを知らないのだから。誰よりも度胸とユーモアと魂を一緒に兼ね備えた若者だったよ。
男 3	:	一緒に仕事をするには大変な人だったと。

■ She must be a million years old
must は「〜であるに違いない」という推測を表す。直訳すれば「彼女は 100 万歳に違いない」。
ex. She must have a fever.（彼女は熱があるに違いない）

■ I didn't mean to
mean to で「〜するつもりである、故意に〜する」の意。直前、I can give her the brush. と言っているが、I didn't mean to の後ろには give her the brush が省略されている。つまり、男はノーマをわざと追い払うつもりはなかったと言いたかったのである。そしてその後、デミルは No, of course you didn't. と言っているが、これも didn't の後に give her the brush が省略されている。

121

DEMILLE : Only toward the end. You know, a dozen press agents working overtime can do terrible things to the human spirit.

DeMille grabs the microphone from his assistant.

DEMILLE : Hold it.

DeMille gets down from his director's chair. Norma's car pulls up outside the studio.

NORMA : Don't you want to come along, darling?
JOSEPH : I don't think so. It's your script, it's your show. Good luck.
NORMA : Thank you, dearest.

DeMille steps comes out the door of the studio as Norma gets out of the car. They hug each other.

DEMILLE : Well, hello, young fellow.
NORMA : Hello, Mr. DeMille.
DEMILLE : Ha, ha, hah. It's good to see you.
NORMA : The last time I saw you was someplace very gay. I remember waving to you. I was dancing on a table.
DEMILLE : A lot of people were. Lindberg had just landed in Paris. Come on in.
NORMA : Oh, ho, ho.

DeMille leads Norma into the studio.

DEMILLE : Norma, I, I must apologize for not calling you.
NORMA : You'd better, I'm very angry.
DEMILLE : Well, you can see, I'm, I'm terribly busy.

NORMA : That's no excuse. You read the script, of course?
DEMILLE : Yes, I did.

---

a dozen 1ダースの
work overtime 残業する
terrible ひどい

hold it （そのままの状態で）待つ, 待機する

DeMille gets...chair

come along 一緒に来る

good luck 幸運を祈る
dearest 最愛の人

step 歩く,（通りなどに）出る
hug 〜を抱きしめる

fellow 仲間, 人

gay 楽しい, 陽気な
I remember waving to you

Lindberg リンドバーグ
Paris パリ

apologize 謝る

You'd better
terribly ひどく

excuse 言い訳, 口実

Sunset Boulevard

デミル	:	あとの方になってからな。多くの広報係たちは残業までして、人にひどいことをするからな。

デミルは助手からマイクを取り上げる。

デミル	:	休憩だ!

デミルは監督席から降りる。ノーマの車がスタジオの外で止まる。

ノーマ	:	一緒に来てくれないの、あなた?
ジョー	:	いや、やめとこう。あなたの脚本だし、あなたのショーだから。がんばって。
ノーマ	:	ありがとう、あなた。

ノーマが車を降りると、デミルがスタジオのドアの所に歩いて出てくる。2人が抱き合う。

デミル	:	やあ、よく来たね、お嬢さん。
ノーマ	:	こんにちは、デミル監督。
デミル	:	ハッハッハッ。久しぶりだね。
ノーマ	:	最後にお会いしたのはどこか楽しい場所でしたわ。監督に手を振ったのを覚えています。私はテーブルの上で踊っていましたわ。
デミル	:	みんな踊ってたな。リンドバーグがパリに着陸したころだ。入ってくれ。
ノーマ	:	ホッホッホッ。

デミルはノーマをスタジオの中に連れていく。

デミル	:	ノーマ、電話しなくて悪かったな。
ノーマ	:	そうですよ。とっても怒ってるんですから。
デミル	:	なあ、わかるだろう、僕は、僕はひどく忙しいんだよ。
ノーマ	:	言い訳はだめですよ。もちろん脚本読んでいただけましたよね?
デミル	:	もちろん読んださ。

■ a dozen
ここでは、「たくさんの」という意味である。

■ DeMille gets down...director's chair
ここの get down は「降りる」という意味だが、ほかにも「書き記す、身をかがめる、気が滅入る」などその意は多岐にわたる。

■ good luck
ex. Good luck on your exam!(試験がんばって!)

■ I remember waving to you
「remember + ...ing」は「(過去に〜したこと)を覚えている」の意で、ここでは「あなたに手を振ったのを覚えている」となる。remember to do の形は「(未来に〜すること)を覚えている」ということ。

■ Lindberg
アメリカ合衆国の飛行家で、ハーモン・トロフィー、名誉勲章、議会名誉黄金勲章の受賞者。1927年に「スピリット・オブ・セントルイス」と名づけた単葉単発単座のプロペラ機でニューヨーク・パリ間を飛び、大西洋単独無着陸飛行に初めて成功。1931年には北太平洋横断飛行にも成功した

■ You'd better
= You had better

NORMA : Then you could've picked up the telephone yourself, instead of leaving it to one of your assistants.

DEMILLE : Hmm? What assistant?

NORMA : Now don't play innocent. Somebody named ah... Gordon Cole.

DEMILLE : Gordon Cole?

NORMA : And if you hadn't been pretty darned interested in that script, he wouldn't have tried to get me on the telephone ten times.

DEMILLE : Gordon Cole? Norma, I'm in the middle of a rehearsal. Now, why don't you just sit up here in my chair and make yourself comfortable? Hm?

NORMA : Thank you.

DEMILLE : That's the girl. I won't be a moment.

DeMille helps Norma into his director's chair.

DEMILLE : (to Man) Bring me a telephone and get me Gordon Cole.

MAN 3 : Right.

DeMille and the man walk off. A boom microphone swings by Norma, brushing the feather in her hat. From the lighting platform above, HOG-EYE calls out.

HOG-EYE : Hey, Miss Desmond. Miss Desmond, it's me, it's Hog-eye.

NORMA : Hello, Hog-eye.

HOG-EYE : Let's get a good look at you.

Hog-Eye swings the light to shine down on Norma. MEN and WOMEN in studio spot Norma. They go over to her.

MAN 1 : Look, there's Norma Desmond.

WOMAN 1 : Norma Desmond! Oh.

WOMAN 2 : Norma Desmond!

MAN 2 : Why I thought she was dead.

---

leave it to...your assistants ↻

play innocent 何食わぬ顔をする, 平然と振る舞う

if you...script ↻
pretty darned interest ひどく興味がある

in the middle of ～の真ん中に, ～の真っ最中で
rehearsal リハーサル
make yourself comfortable ↻

I won't be a moment ↻

boom microphone ブーム・マイク ↻
swing （釣り下げられているものが）揺れる
brush ～を軽くかすめる
feather 羽, 羽毛
platform 台

get a look at ～を見る

spot 探す

ノーマ	:	それじゃ、ご自分でお電話できたんじゃありませんこと、助手にまかせずに。
デミル	:	ん？　助手だって？
ノーマ	:	今さら知らない顔して。あー、ゴードン・コールとかいう人ですよ。
デミル	:	ゴードン・コールが？
ノーマ	:	もしあの脚本にひどく興味がなかったのなら、その人が電話で10回も私と話をしようなんてしなかったでしょうに。
デミル	:	ゴードン・コール？　ノーマ、僕は今リハーサルの最中なんだ。さあ、この僕の椅子に座ってくつろいでおいてくれないかい？　ね？
ノーマ	:	どうも。
デミル	:	いい子だ。そんなには長くはかからないから。

デミルはノーマを自分の監督席に座らせる。

デミル	:	（男に）電話を持ってきてくれ。そしてゴードン・コールを呼び出してくれ。
男3	:	わかりました。

デミルと男が歩いて立ち去る。可動式のマイクがノーマのそばを回り、彼女の帽子の羽根をかすめる。上の照明台からホグ・アイが叫ぶ。

ホグ・アイ	:	やあ、デズモンドさん。デズモンドさん。私ですよ。ホグ・アイです。
ノーマ	:	こんにちは、ホグ・アイ。
ホグ・アイ	:	お顔をよく見せてくださいよ。

ホグ・アイはライトを回し下にいるノーマを照らす。スタジオにいる男性と女性がノーマを見つけ、ノーマの所に集まる。

男1	:	見ろよ、ノーマ・デズモンドがいるぞ。
女1	:	ノーマ・デズモンド！　あー。
女2	:	ノーマ・デズモンドですって！
男2	:	何とまあ、生きてたのか。

■ leave it to one of your assistants
「それ(it)をあなたの助手の1人(one of your assistants)に置いておく(leave)」ということなので、「助手に任せておく」ということになる。例えば、家を訪れたお客さんが食事の後お皿を洗って手伝おうとしたときに、Leave the dishes to me.(お皿は私が洗いますから)と言える。

■ if you hadn't been...in that script
「if ＋ 主語 ＋ 過去完了形」で過去の事実と異なることを仮定する(仮定法過去完了)。主節は「助動詞の過去形(would や couldなど)＋ have ＋ 過去分詞」で呼応する。「もし～だったなら～していただろうに」となる。

■ make yourself comfortable
「make ＋ O ＋ C」は「OをCの状態にする」ということ。ここでは「あなた自身を心地よい状態にする」ということなので、「くつろぐ」という意味になる。

■ I won't be a moment.
「すぐ戻ります」
ほかの言い方で言うと It won't take long. とか I'll be right with you. と言える。

■ boom microphone
先端にマイクを取りつけた長い棒のこと。映画などの撮影で用いられる。

WOMAN 3 : How nice to see you!
PASTY : Welcome home miss. You remember me don't you?
NORMA : Of course I do. Hello, Patsy.
MAN 3 : Have you met Miss Desmond?
MAN 4 : It's a great pleasure.

DeMille talks on the phone to Gordon.

DEMILLE : Oh, Gordon, this is C B DeMille. Have you been calling Norma Desmond?
GORDON : Yes, Mr. DeMille. It's that car of hers, an old Isotta Fraschini. Her chauffeur drove it in on the lot the other day. It looks just right for the Crosby picture. We want to rent it for a couple of weeks.
DEMILLE : Oh, I see. Well, thank you very much, thank you.

DeMille walks over to the crowd around Norma.

DEMILLE : (on microphone) Hog-eye, turn that light back where it belongs.

Everyone returns to their respective places in the studio. DeMille sits next to Norma.

DEMILLE : Well, I... I got hold of Gordon Cole.
NORMA : Did you see them? Did you see how they came?
DEMILLE : You know, some crazy things happen in this business, Norma. I hope you haven't lost your sense of humor.

Norma starts crying.

DEMILLE : What's the matter, dear?
NORMA : Nothing. I just didn't realize what it would be like to come back to the old studio. I had no idea how much I missed it.

女3	:	ご無沙汰しています！
パスティ	:	お帰りなさい、デズモンドさん。私のこと覚えていらっしゃいますよね？
ノーマ	:	もちろんですとも。こんにちは、パスティ。
男3	:	デズモンドさんにお会いしたことは？
男4	:	はじめまして。

デミルがゴードンと電話で話す。

デミル	:	ゴードン、C・B・デミルだが。ノーマ・デズモンドに電話したかい？
ゴードン	:	はい、デミル監督。彼女のあの車のことで。古いイソッタ・フラスキーニです。先日、彼女のお抱え運転手がその車を敷地内で走らせてたんですよ。クロスビーの映画にピッタリに見えましてね。数週間借りることができないかと。
デミル	:	あー、そういうことだったのか。なるほど、どうもありがとう。どうも。

デミルはノーマを取り囲む群れに近づいていく。

デミル	:	(マイクで) ホグ・アイ、そのライトを元の位置に戻してくれ。

全員がスタジオのそれぞれの場所に戻る。デミルはノーマの隣に座る。

デミル	:	えーとー、ゴードン・コールと連絡が取れたよ。
ノーマ	:	あの人たち見ました？　私の周りにどういうふうに集まってきたか見ましたか？
デミル	:	あのね、ノーマ。この世界ではたまにとんでもないことが起こるんだ。君のユーモアのセンスがなくなってないといいんだが。

ノーマが泣き出す。

デミル	:	おい、どうしたんだい？
ノーマ	:	何でもないわ。ただ、昔のスタジオに戻れるってどんな感じなのかわからなかったの。どれだけ恋しく思ったことか。

■ Welcome home.
「おかえりなさい」
長期間留守にしていた人が戻ってきたときに使う表現。Welcome back とも。

■ It's a great pleasure
「はじめまして」、「お会いできてとてもうれしいです」(It's a great pleasure to meet you.) ということ。

■ Crosby
アメリカ合衆国の歌手、俳優。アメリカ初のマルチエンターティナーの一人。第二次世界大戦前後の全盛期を通じて生涯で57本の映画に出演した。映画興行でも最も観客動員力のある主演スターとして長年ハリウッドのトップに君臨した。また、『我が道を往く』(Going My Way, 1944) では、アカデミー主演男優賞受賞、『喝采』(The Country Girl, 1954) では、同賞にノミネートされている。なお、歌手として1940年以降、13曲の全米 No.1 ヒット (ビルボード誌) を持つ。「ホワイト・クリスマス」や「星にスイング」、「サイレント・ナイト」などの数々のヒット曲を世に出したこともあり、生涯のレコード売上は4億枚を超えるという。

■ realize
ex. I didn't realize you were standing there. (あなたがそんなところに立ってたなんて気がつかなかったわ)

DEMILLE	: We've missed you, too, dear.	
NORMA	: We'll be working again, won't we chief? We'll make our greatest picture.	chief （組織の）長
DEMILLE	: Well, now, that's what I want to talk to you about.	now さあ, さて
NORMA	: It's a good script, isn't it?	
DEMILLE	: Um... Well, it's ah... It has some good things in it, yes. But ah... it would be a very expensive picture.	
NORMA	: Oh, I don't care about the money. I just want to work again. You don't know what it means to know that you wants me.	
DEMILLE	: Nothing would please me more, Norma, if...if it were possible.	if it were possible ↻
NORMA	: And remember, darling. I don't work before ten in the morning and never after four thirty in the afternoon.	

The man comes over.

MAN 3	: We're ready with the shot, Mr DeMille.	
DEMILLE	: All right. Now, why don't you just sit here and watch? You know, pictures have changed quite a bit.	quite a bit 相当に, かなり ↻

DeMille walks to the set to start filming.

film 撮影する

DEMILLE	: All right, let's go. Hit 'em all. Roll 'em. Speed.	Hit 'em all ↻ Roll 'em ぶっ飛ばそうぜ Speed ↻

Outside, Joseph sits in the back of the car, while Max paces alongside.

pace ゆっくり歩く, 行ったり来たりする
alongside そばに, 平行して

MAX	: You see those offices there, Mr. Gillis? They used to be Madame's dressing-room. The whole row.	row 列
JOSEPH	: That didn't leave much for Wallace Reid.	Wallace Reid ウォレス・リード ↻

デミル	：僕たちだって君がいなくて寂しかったさ。
ノーマ	：また一緒にお仕事できるんでしょう、監督？ 最高の映画を撮りましょうよ。
デミル	：んー、あのね、そのことでちょっと話したいことがあるんだ。
ノーマ	：いい脚本でしょう？
デミル	：あー、そうだね。まあ、いいところはあるよね。本当に。でも、あのー、けっこう金がかかる映画になりそうだ。
ノーマ	：あー、お金のことはどうでもいいの。またお仕事に戻りたいだけなんです。私を必要だっていうことをわかってほしいんです。
デミル	：もし、もしそれができるんだったら、それ以上の喜びはないんだけどね、ノーマ。
ノーマ	：それから覚えておいてくださいね、監督。私は午前10時前と午後4時半以降は仕事はしませんから。

男がやってくる。

男3	：撮影の準備が整いました、デミル監督。
デミル	：わかった。さあ、君はここに座って見物しててくれないか？　あのね、映画もけっこう以前とは変わったんだよ。

デミルは撮影を始めるためにセットの方に向かう。

デミル	：よし、始めよう。全体にライトを当てて。カメラを回して。カメラ、録音、よし。

外ではジョーが車の後部座席に座っている。マックスは車の横を行ったり来たりしている。

マックス	：ギリスさん、あそこにオフィスがいくつか見えますでしょう？　以前は奥様の衣裳部屋だったんですよ。あそこ1列ずーっとですね。
ジョー	：ということはウォレス・リードの部屋はなかったわけだ。

■ if it were possible
「if ＋ 主語 ＋ 動詞の過去形」で現在の事実と異なることを仮定する（仮定法過去）。主節は助動詞の過去形（would や could など）で呼応する。この場合、「（実際は可能ではないが）もしそれが可能ならば〜だろうに」となる。

■ quite a bit
ex. I liked that movie quite a bit. (私はその映画がかなり気に入った)

■ Hit 'em all
hit が「〜に命中させる」という意味から、直訳すると「すべてを狙い撃ちしろ」となる。つまり「全体を撮影する」という解釈ができる。

■ Speed
業界用語で、製作スタッフにカメラが回っていることを知らせる言葉。

■ Wallace Reid
セントルイス出身の俳優。4歳のころすでに子役として舞台に立つ。ニュージャージーの陸軍学校を卒業後、ワイオミングでホテルの仕事などに従事。ニューヨークではイブニング・サン紙の記者もしていたが俳優への思いは強くセリグ入社。ヴァイタグラフではエディス・ストレーなどと共演。ラスキーではジェラルディン・ファーラーの相手役として彼女の映画に多く出演した。

MAX	: Oh, he had a great big bungalow on wheels. I had the upstairs. You see where it says "Readers Department"? I remember my walls were covered with black patent leather.	bungalow バンガロー，小別荘 wheels 自動車 ⇨ patent leather エナメル革

Joseph sees Betty walking along the second floor verandah. He covers his face with his hand.

see Betty walking ⇨

JOSEPH	: I'll be with you in a minute.	I'll be with you in a minute ⇨ in a minute すぐに

Joseph gets out of the car and rushes to the stairs. Two MEN walk up to the car.

MAN 1	: Hey, here's that funny car Gordon Cole was talking about.	
MAN 2	: Yeah.	
MAN 1	: (to Max) **Mind if we look it over?**	Mind if we look it over ⇨
MAX	: What's so funny about it?	

The man looks into the car.

look into のぞき込む，調べる

マックス : あー、彼には車に積んだどでかいバンガローがありましたよ。私は2階にいました。「閲読課」と書いてあるところが見えるでしょう？ 内装は黒のエナメル革だったのを覚えてます。

ジョーはベティーが2階のベランダを歩いているのを見る。彼は手で顔を覆う。

ジョー : すぐ戻るよ。

ジョーは車を降りて階段へ急ぐ。2人の男が車の所へ歩いてくる。

男1 : よう、ゴードン・コールが話してた妙な車だぜ。

男2 : そのようだな。
男1 : （マックスに）見せてもらってもいいかな？
マックス : 何がそんなに妙なんだ？

男が車をのぞき込む。

■ wheels
a set of wheels とも言う。

■ see Betty walking
「知覚動詞（see, hear など）+ O + ...ing」で「O が〜しているのを見る（聞く）」という意味。

■ I'll be with you in a minute.
「すぐ戻ります」
I'll be right back. とも言える。

■ Mind if we look it over?
ここでは「Do (Would) you mind if...」の Do や Would の省略。mind は「気にする」という意味。「もし〜したらあなたは気にしますか？」ということなので、「〜してもいいですか？」という意味になる。「〜してもいい」と答えるときには「〜することは気にしない」と言わなければならないので、No., Not at all. など、yes ではなく no で答える。

A True Intention

INT. BETTY'S OFFICE - DAY - Joseph enters Betty's office.

JOSEPH : Just so don't think I'm a complete swine, if there's anything in "Dark Windows" you can use, take it, it's all yours.

BETTY : Well, for heaven's sakes! Come on in, have a chair.

Joseph pushes aside a book and sits on the desk.

JOSEPH : I mean it. It's no good to me any way. Help yourself.

BETTY : Now, why should you do that?

JOSEPH : If you get a hundred thousand for it, you buy me a box of chocolate creams; if you get an Oscar, I get the left foot.

BETTY : You know I'd take you up on that in a minute. I'm just not good enough to do it all by myself.

JOSEPH : What about all those ideas you had?

BETTY : Well, see if they make sense. To begin with, I think you should throw out all that psychological mess, exploring the killer's sick mind.

JOSEPH : Psychopaths sell like hot cakes.

BETTY : This is a story about teachers, their threadbare lives, their struggle. Now, I see her teaching day classes, while he teaches night school. Now, the first time they meet...

The horn of the car honks.

本当の目的

TIME 01:12:51
□□□□□□

屋内-ベティーの仕事場-昼-ジョーがベティーのオフィスに入る。

ジョー ： 僕を本当に嫌なやつだと思わないでくれよ。もし「暗い窓」に君が使えるものがあるなら使いなよ。どうぞ、どうぞ。

ベティー ： まあ、あきれたわ！ 入って。座ってよ。

ジョーは本を押しのけ机の上に座る。

ジョー ： 本気で言ってるんだぜ。どうせ僕には役に立たないし。どうぞご自由に。

ベティー ： ねえ、一体どうしてそんなことを？

ジョー ： 君がもしそれで 10万ドル手にしたらチョコレート・クリームを買ってくれよ。オスカーを取ったらその左足をもらうよ。

ベティー ： じゃ、すぐにそうさせてもらうわ。全部をひとりで書き上げるにはまだまだ未熟だから。

ジョー ： 君が持ってたあのアイデアは？

ベティー ： あのね、考えてみてよ。殺人犯の病める心を探求したり、そもそも心理的な混乱については全部切り捨てていいと思うの。

ジョー ： 変質者を扱うと飛ぶように売れるのに。

ベティー ： これはね、教師の物語なの。教師の哀れな人生や苦闘のね。それで、彼女は全日制で、彼は夜間の学校で教師をしている。それで、ふたりが初めて出会ったとき…

車のクラクションが鳴る。

■ It's all yours.
「ご自由にお使いください」
「それはすべてあなたのものです」ということなので、「気にせず独占して使ってよい」となる。

■ Come on in.
「お入りになって」
家・部屋の中に人を招き入れるときに使う決まり文句。

■ I mean it.
「本気だよ」
「私はそれ(私が言ったこと)を意味している」ということなので、「私が言ったことが私の考えそのものです」となる。

■ Help yourself.
「ご自由にお食べください」
ここではジョーのアイデアを自由に使っていいという意味で使っている。
ex. Help yourself to drinks.（飲み物はご自由にお召し上がりください）

■ a hundred thousand
「10万ドル」という意味で、dollars が省略されている。

■ chocolate cream
フォンダンをチョコレートで包んだお菓子。

■ Oscar
アカデミー賞受賞者に与えられる小型の黄金立像トロフィーで、ここでは get an Oscar で「アカデミー賞を取る」の意。

■ I get the left foot
「左足をもらう」という意で、アカデミー賞を取ったら半分もらうと言っている。

■ I'd take you up on that
「take + 人 + up on...」で「人の〜(申し出など)を受け入れる」という意味。

■ sell like hot cakes
sell like hot cakes で「ホットケーキのように売れる」の意。ここではホットケーキが飛ぶように売れるさまにたとえている。

■ I see her teaching
「see + O + 現在分詞」で「O が〜しているのが見える」という意味。

133

JOSEPH	: Look, if you don't mind, I haven't time to listen to the whole plot.	if you don't mind もしよかったら I haven't time ◐
BETTY	: I'll make it short.	make it short 手短に言う
JOSEPH	: I'm sorry, it's your baby now.	It's your baby ◐
BETTY	: Couldn't we work in the evenings? Six o'clock in the morning? This next month I'm completely at your disposal. Artie's out of town.	completely 完全に at one's disposal ～が好きなように使える
JOSEPH	: What's Artie got to do with it?	be to do with ～と関係がある ◐
BETTY	: We're engaged.	engage 婚約する ◐
JOSEPH	: Oh. Oh, well good for you. You couldn't find a nicer guy.	good for you ◐ You couldn't...guy ◐
BETTY	: That's what I think. They're on location in Arizona making a Western. I'm free every evening and every weekend. We could work at your place if you want.	That's what I think ◐ on location ロケ中 Western 西部劇 I'm free...weekend ◐ if you want もしあなたが望むなら

The honking gets louder and longer.

		honking 車のクラクションの音 louder and louder ますます大きく ◐
JOSEPH	: Look Betty, i...it can't be done. It's out. Now, stop being chicken-hearted and write that story.	it can't be done ◐ It's out ◐ chicken-hearted おじけづいて, 臆病な
BETTY	: Honest to goodness, I hate you.	honest to goodness 本当に, 全く
JOSEPH	: And don't make it too dreary. How about this for a situation? She teaches daytimes, he teaches at night, right?	make it too dreary ◐ dreary 退屈な at night 夜間
BETTY	: Right.	
JOSEPH	: They don't know even know each other but they share the same room. It's cheaper that way. As a matter of fact, they sleep in the same bed. In shifts, of course.	They don't...other ◐ in shifts 交代で
BETTY	: Are you kidding? Because I think it's good.	Are you kidding からかってるの, まさか
JOSEPH	: So do I.	So do I ◐
BETTY	: Well, come on back. Let me show you where it fits in.	come on back 戻ってきて fit in 入れる, はめ込む
JOSEPH	: So long.	
BETTY	: Oh, you...	

ジョー	:	ねえ、悪いけど、今あらすじを全部聞いてる時間がないんだ。
ベティー	:	短く言うわ。
ジョー	:	悪いが、もう君の作品だよ。
ベティー	:	夜に2人で書かない？ それとも朝6時はどう？ 来月なら完全にあなたの都合に合わせられるわ。アーティがハリウッドにいないから。
ジョー	:	アーティに何の関係が？
ベティー	:	私たち、婚約したの。
ジョー	:	そうか。いや、それはおめでとう。あんなにいいやつはいないよ。
ベティー	:	私もそう思って。彼の撮影チームが、西部劇のロケでアリゾナに行っててね。だから夜と週末は空いてるの。もしよかったら、あなたの家で書いてもいいわ。

クラクションの音がますます大きくなる。

ジョー	:	ねえベティー、僕にはできないよ。無理なんだ。臆病はやめて、自分で書くんだな。
ベティー	:	何よもう、あなたなんて嫌い。
ジョー	:	それと、あまり退屈な話にするなよ。こんな設定はどうだい？ 彼女は全日制の学校で、男の方は夜学で教えてる、わかる？
ベティー	:	ええ。
ジョー	:	一面識もない2人が、1つの部屋を昼夜交代で使っている。その方が安く上がるから。実は2人は同じベッドで寝ている。もちろん交代でね。
ベティー	:	そう来る？ すっごくいいアイデアよ。
ジョー	:	僕もそう思うよ。
ベティー	:	じゃ、続きを話させて。どうやってその設定をはめ込むか考えついたの。
ジョー	:	じゃ、さようなら。
ベティー	:	ちょっと…

■ I haven't time
= I don't have time

■ It's your baby.
「それは君の役目だよ」
相手に責任や役割を強いる際に使う表現。

■ be to do with
「What +be 動詞 + S + to do with...?」で「Sは～と何の関係があるのか？」の意。
ex. What are you to do with him?（君は彼とどんな関係なのか？）

■ engage
受け身で用いられることが多い。

■ Good for you.
「よかったな」
相手をほめるときに使う決まり文句。

■ You couldn't find a nicer guy
直訳すると「（彼よりも）いいやつは見つからないよ」という意。「couldn't + 比較級」で「～以上にはできない」となり、最上級の意味の「一番～」を表す。

■ That's what I think
whatは関係代名詞で「～すること」の意。直訳すると「それが私が思っていることです」となり、「私もそう思うの」となる。

■ I'm free every...every weekend
婚約者がロケ中なので、日中の勤務以外は時間が空いているという意味を表す。

■ louder and louder
「比較級 + and + 比較級」で「ますます～、だんだん～」という意味を表す。

■ it can't be done
直訳は「それは成されることができない」となり、「それはできないな」という意。

■ It's out
outには「不可能だ」（= impossible）という意味がある。

■ make it too dreary
「make + O + 形容詞」で「Oを～にする」となる。

■ They don't know...each other
ここでは don't know と言った後に、know を even know と言い換えており、「お互いのことさえも知らない」という意味になる。

■ Are you kidding?
「からかってるの、まさか」

■ So do I
「So + V + S」で相手に対する肯定の同意を表し、「Sもまたそうである」という意味となる。

Joseph steps out of the office. Betty picks up an apple ready to throw. Joseph goes down the stairs, but looks worried when he sees Max.

JOSEPH	: What's the matter, Max?
MAX	: I just found out the reason for all those telephone calls from Paramount. It's not Madame they want, it's her car they want to rent.
JOSEPH	: What?
MAX	: Psst.

Max nudges Joseph. DeMille escorts Norma out of the studio.

DEMILLE	: Well, goodbye, Norma. We'll see what we can do.
NORMA	: I'm not worried. Everything will be fine. The old team together again. Nothing can stop us.
DEMILLE	: The old team? Yeah. Goodbye, dear.
NORMA	: Goodbye, Mr. DeMille.

DeMille gives Norma a kiss on the forehead. Norma climbs into the back of the car with Joseph. Smiling, she puts her arm around Joseph's.

JOSEPH	: How'd it go?
NORMA	: It couldn't have gone better. It's practically set. Course he has to finish this picture first. Mine will be his next.

DeMille watches Norma leave.

DEMILLE	: Get Gordon Cole. Tell him to forget about her car. Tell him he can get another old car someplace. I'll buy him five old cars if necessary.

ジョーは事務所から出ていく。ベティーはりんごをつかんで投げようとする。ジョーは階段を下りるが、マックスを見て表情を曇らせる。

ジョー ：どうしたんだい、マックス？

マックス ：パラマウントが何度も電話をかけてきていた理由がわかりました。奥様に用があるのではなく、この車を貸してほしいということだったのです。

ジョー ：何だって？

マックス ：シーっ。

マックスがジョーを軽く突く。デミルがノーマを連れてスタジオから出てくる。

デミル ：それじゃ、さようなら、ノーマ。どんな協力ができるか考えてみるよ。

ノーマ ：私、心配なんかしてないわ。うまくいくわよ。昔なじみの仲間でしょう。誰にも邪魔できないわ。

デミル ：昔なじみ？　ああそうだね。それじゃまた。

ノーマ ：さようなら、デミルさん。

デミルはノーマの額にキスする。ノーマは車の後部座席に乗り込みジョーの隣に座る。ほほ笑みながらジョーと腕を組む。

ジョー ：どうだった？

ノーマ ：大成功だったわ。決まったも同然よ。もちろん、彼が今の作品を撮ってしまうのが先だけど。私の映画は次回作ね。

デミルはノーマが去るのを見守る。

デミル ：ゴードン・コールに伝えろ。あの車のことは忘れろとな。ほかの所から古い車を借りてこいと。必要なら私が5台ほど買ってやる。

■ It's not Madame they...want to rent
It is...that の強調構文で「〜なのは…だ」の意。ここでは元々の目的語の Madame と her car が強調されている。

■ psst
そっと人の注意を引きつける表現。

■ The old team
「昔の撮影チーム」と言って、ノーマは過去を懐かしんでいる。

■ How'd it go?
「どうだった？」
結果を尋ねる決まり文句。How'd は How did の略。

■ It couldn't have gone better
直訳すると「これ以上にうまくいくことはなかっただろう」となり、最上級の意味の「最高だった」ということになる。It couldn't be better だと「これ以上はありえない、最高だ」という意味になる。

■ course
= of course

■ DeMille watches Norma leave
「watch + O + 動詞の原形」で「O が〜するのをじっと見ている」の意。

ビリー・ワイルダーについて

　「巨匠」と聞いて思い浮かぶのはどのような人物だろうか？　映画界の巨匠と言えば、ビリー・ワイルダーがまず筆頭に挙げられる。映画に詳しくない人でもその名を一度は聞いたことがあるだろう。たとえその名を聞いたことがなくても、地下鉄の通気口の上でマリリン・モンローがスカートを押さえるシーンはきっと知っているはずだ。その映画『七年目の浮気』を撮った監督こそ、ビリー・ワイルダーなのである。

　ではまず、その華々しい受賞の数々を紹介しよう。アカデミー賞受賞は、脚色賞・監督賞等合計7回。ノミネートは15回を数える。実は『サンセット大通り』は、1951年に監督賞にノミネートされたが、脚本賞で受賞している。監督賞は同年、ゴールデングローブ賞での受賞となった。アカデミー賞の受賞作品は『失われた週末』(1945)　監督賞・脚本賞、『アパートの鍵貸します』(1960)　監督賞・脚本賞、ノミネート作品は『ニノチカ』(1939)　脚色賞、『深夜の告白』(1944)監督賞・脚本賞、『第十七捕虜収容所』(1953)　監督賞、オードリー・ヘップバーン主演の『麗しのサブリナ』(1954)　監督賞・脚本賞、マリリン・モンロー主演の『お熱いのがお好き』(1959)監督賞・脚本賞などである。その他、1945年カンヌ国際映画祭で『失われた週末』がグランプリを受賞。1952年ヴェネツィア国際映画祭で『地獄の英雄』が国際賞を受賞している。さらに1992年にはヨーロッパ映画賞生涯功労賞を受賞した。

　しかし、彼の映画人生は最初から決して順風満帆だったわけではない。その生涯を振り返ってみよう。ワイルダーは1906年、当時のオーストリア＝ハンガリー帝国で、ユダヤ系両親の次男として生まれ、2002年カリフォルニア州ロサンゼルスで95年の一生を閉じた。本名はサミュエル・ワイルダー。ビリーとは、西部劇好きの母親が、ガンマンのバッファロー・ビルから取ったニックネームだった。

　彼はまず脚本家として仕事を始める。極貧の下積み生活が続いた

が、その経験が『サンセット大通り』のジョーの描写にリアリティを持たせているのに違いない。時代の波は彼に厳しく、台頭してきたナチスから逃れるため、パリで暮らした。後に母親はアウシュヴィッツに送られた、という悲しい情報もある。この経験からワイルダーは、『シンドラーのリスト』を映画化したかったようだ。しかし同じくユダヤ系のスティーブン・スピルバーグが映画化権を獲得した。ワイルダー監督の『シンドラーのリスト』も是非見てみたかった。

やがてパリで1933年『悪い種子』で監督としてデビューする。が、1934年にコロンビア映画からの招きでアメリカに移る。そしてようやくビリーは監督・脚本家として花開くのだ。パラマウント映画では、その後長い間コンビを組むことになる脚本家チャールズ・ブラケットと出会う。記念すべきハリウッドでの監督デビュー作は1942年の『少佐と少女』だ。奇しくも『サンセット大通り』が、10年以上続いたこの名コンビの最後の作品となった。その後のワイルダーは、世界的大スターたちをキャスティングして、傑作の数々を残していった。

名画には素晴らしいラストシーンがつきものだが、ワイルダーの映画人生にも取って置きのラストシーンがあった。彼の墓碑にはこう刻まれている。

Billy Wilder　　　　ビリー・ワイルダー
I'm a Writer　　　　私は脚本家だ
But Then　　　　　しかし　そうは言っても
Nobody's Perfect　完全な人間なんていない

そう、代表作『お熱いのがお好き』のラストの名セリフだ。墓碑を見た人にそのシーンを思い出させ、思わずニヤリとさせるとは、最後まで心憎い監督だ。

　　　　　　　　　　　　　小林　明子（中間高等学校非常勤講師）

Some Shocking News

INT. NORMA'S MANSION - DAY - Norma gets many types of beauty therapy.

JOSEPH : (V.O.) After that, an army of beauty experts invaded her house on Sunset Boulevard. She went through a merciless series of treatments like an athlete training for the Olympic Games, she counted every calorie, went to bed every night at nine. She was absolutely determined to be ready, ready for those cameras that would never turn.

Norma gets up from her dresser wearing a beauty mask and goes to find Joe in the adjacent room. He sits on the recliner reading a book.

NORMA : Joe darling, are you there?
JOSEPH : Yes, Norma.
NORMA : Don't turn around. Keep your eyes on the book. I just came to say goodnight. I don't want you to see me. I'm not very attractive.
JOSEPH : Goodnight.
NORMA : You know, I've lost half a pound since Tuesday.
JOSEPH : Good.
NORMA : I was a little worried about the line on my throat. This woman has done wonders with it.
JOSEPH : Good.
NORMA : You'd better get to bed yourself.
JOSEPH : I think I'll read a little longer.
NORMA : You went out last night, didn't you Joe?

---

type 種類
beauty therapy 美容術、美容療法
an army...invaded
go through 経験する
merciless 無情な
a series of 一連の
treatment 処置、治療
athlete スポーツ選手(の)
she counted...calorie
be determined to ～することを決心する
dresser 化粧台
beauty mask 美容マスク
adjacent 隣接する
recliner リクライニングチェア
turn around 振り向く
keep one's eyes on ～をじっと見ておく、～自を離さない
I don't want you to see me
not very あまり～ない
attractive 魅力的な
lose 減らす
pound ポンド
be worried about ～が心配だ
line しわ
throat のど
This woman
do wonders with ～に奇跡的なことをする
You went out...you Joe

衝撃的事実

TIME　01 : 15 : 41
□ □ □ □ □ □

屋内 – ノーマの邸宅 – 昼 – ノーマはあらゆる種類の美容法を受けている。

ジョー　　：（画面外）あのとき以来、サンセット大通りの彼女の家は美容の専門家の大群に占拠された。オリンピックに出ようとトレーニングをする選手のように過酷な美容プログラムを受け、食べたもののカロリーすべてを計算し、毎晩 9 時に床に就いた。回ることのない何台ものカメラの前に立つために、断固たる決意で準備をしていたのだ。

■ an army of beauty experts invaded
美容の専門家が軍隊のように押し寄せるさまを表している。invade は「侵攻する」の意。

■ she counted every calorie
「彼女は（自分が食べた）あらゆるもののカロリーを数えた」ということ。

ノーマは美容マスクを顔につけたまま化粧台から立ち上がり、ジョーを探しに隣の部屋へ行く。ジョーはリクライニングチェアに座って本を読んでいる。

■ recliner
= reclining chair
背もたれの傾斜角度を変えられる椅子。

ノーマ　　：ジョー、そこにいるの？
ジョー　　：ああ、ノーマ。
ノーマ　　：こっちを見ないで。そのまま本を見ていてちょうだい。お休みを言いに来ただけなの。見られたくない姿だから。

■ I don't want you to see me
「want + O + to 不定詞」で「O に～してほしい」の意。ここでは否定形で「あなたに～してほしくない」の意になる。
ex. My father wanted me to be a lawyer.
（父は私に弁護士になってほしかったのです）

ジョー　　：お休み。
ノーマ　　：ねえ、火曜日から 200 グラム痩せたの。

■ pound
重さの単位。約 453 グラム。ここでの half a pound は 200 グラムくらいの意。

ジョー　　：何よりだ。
ノーマ　　：首のしわがちょっと気にかかっていたのよ。でも、あの美容家が見違えるくらいきれいにしてくれたわ。

■ This woman
美容の専門家の一人を指す。

ジョー　　：よかった。
ノーマ　　：あなたも、もうお休みなさいな。
ジョー　　：もう少し読んでから寝るよ。
ノーマ　　：昨日の夜出かけたでしょう、ジョー？

■ You went out last...didn't you Joe?
付加疑問文。下降調で確認を表す「～ね」の意。上昇調だと賛同を求める疑問を表す「～か」の意。ここでは「出かけたわよね」くらいの意。

JOSEPH	: Why do you say that?	
NORMA	: I just happen to know it. I had a nightmare and I screamed for you. You weren't here. Where were you?	nightmare 恐ろしい夢, 悪夢 scream for ～を求めて叫び声を上げる
JOSEPH	: I went for a walk.	go for a walk 散歩に出かける
NORMA	: No, you didn't. You took the car.	
JOSEPH	: All right, I drove to the beach. Norma, you don't want me to feel that I'm locked up in this house?	lock up 閉じ込める
NORMA	: Of course not, Joe. It's...it's just that I don't wanna be left alone. Not while I'm under this terrible strain. My nerves are being torn to shreds. All I ask is for you to be a little patient and a little kind.	Of course not ⊙ leave...alone ～を独りにする not while ⊙ under the strain 緊張状態にある be torn to shreds ぼろぼろになる ⊙ All I ask...little kind ⊙ patient 我慢強い
JOSEPH	: Norma, I haven't done anything.	
NORMA	: Of course you haven't. I wouldn't let you. Goodnight, darling.	I wouldn't let you ⊙

Norma grabs hold of Joseph's hair, then returns to her room. He checks his watch, then turns to the door. Later, Joseph goes outside and gets in the car.

grab hold of ～をしっかりつかむ

get in ～に乗り込む

JOSEPH	: (V.O.) Yes, I was playing hookey every evening along in there. It made me think of when I was twelve and used to sneak out on the folks to see a gangster picture. This time, it wasn't to see a picture, it was to try and write one. That story of mine Betty Schaefer had dug up kept going through my head like a dozen locomotives. So we started working on it, the two of us, nights when the studio was deserted, up in her little cubby-hole of an office.	play hookey ずる休みをする ⊙ It made me think of... ⊙ sneak out 抜け出す folks 親しい人 gangster picture ギャング映画 one ⊙ That story of...dug up ⊙ dig out 発掘する go through 通り抜ける a dozen かなりたくさんの ⊙ locomotive 機関車 work on ～に取り組む desert ～を去る ⊙ cubby-hole こじんまりした部屋

INT. BETTY'S OFFICE - NIGHT - Joseph and Betty work on the script in her office. Betty and Joseph switch sitting at the typewriter. Betty gets the coffee decanter and goes out to the verandah to fill it with water.

switch sitting 交代で座る

coffee decanter ⊙

ジョー	：どうしてわかる？
ノーマ	：気がついたの。怖い夢を見てあなたの名前を叫んだから。でもいなかったわ。どこにいたの？
ジョー	：散歩していたんだ。
ノーマ	：違うわ。車を使ったでしょう。
ジョー	：わかったよ。海に行ってたんだ。ノーマ、僕がこの家に閉じ込められている気にさせたいのかい？
ノーマ	：もちろん違うわ、ジョー…ただ、ただ独りで置いていかれたくないの。だって、今は重圧で苦しいんだもの。神経がずたずたに引き裂かれてくるのよ。少しこらえて、優しくしてほしいだけなの。
ジョー	：ノーマ、僕は何も悪いことをしていないさ。
ノーマ	：もちろんよ。裏切ったら許さないから。お休みなさい。

ノーマはジョーの髪をつかむと、部屋に戻る。ジョーは腕時計を見ると、扉に目をやる。その後外に出て、車に乗り込む。

ジョー	：（画面外）彼女の言うとおり、僕は毎晩抜け出していた。12歳のとき、家族の目を盗んでギャング映画を観に行ったことを思い出した。今度は映画を観に行くのではなく、書こうとしていたのだが。ベティー・シェーファーが発見した僕のストーリーが、何台もの機関車のように頭の中を駆けていた。僕ら2人は、夜スタジオから人がいなくなると、会社にある彼女のこじんまりした仕事場で台本書きに取りかかった。

屋内－ベティーの仕事場－夜－ジョーとベティーは彼女のオフィスで台本を書いている。ベティーとジョーはタイプライターを打つ役を交代する。ベティーはコーヒーポットを手に取り、ベランダに出て水をくむ。

■ Of course not.
「もちろん違うわよ」
notをつけるのは「もちろんそうではない」という否定の意味であり、ジョーのYou don't want me to… に対して、I don't want you to… と答えていることになる。

■ not while
= I don't wanna be left alone while…
「～の間は独りになりたくない」という意味。

■ be torn to shreds
ここでは、受け身の進行形「be + being + 過去分詞」の形とともに用いられ、「ぼろぼろになっている」の意。

■ All I ask is for…and a little kind
「All + S + V + is」で「私が～なのは…だけです」の意。「for + 名詞 + to + 動詞の原形」で「～が…すること」という意味になる。

■ I wouldn't let you
= I wouldn't let you do anything

■ play hookey
ここでは「（ノーマの目を盗んで邸宅から）抜け出す」ということ。

■ It made me think of…
「S + make + O + 動詞の原形」で「SはOに～させる」となる。

■ one
ここでは「脚本」のこと。

■ The story of mine…had dug up
接触節の表現で、ここでは「ベティー・シェーファーが発掘した私の話」の意。

■ a dozen
本来は「12の、1ダースの」の意だが、ここでは頭の中に脚本のことが何回も浮かぶさまを表している。

■ desert
受身形で人がいなくなるさまを表す。

■ coffee decanter
ガラス製のコーヒーポットのことを表す。decanterとは本来ワインやブランデーを入れておくガラス製のポットである。

BETTY	: I got the funniest letter from Artie. It's rained every day since they've got to Arizona. They rewrote the whole picture for rain and shot half of it. Now the sun is out, nobody knows when they'll get back.	the funniest letter ◎ It's rained ◎ since ～して以来 rewrite 書き直す whole picture 映画全体 for rain 雨用に, 雨の場面に be out 出ている
JOSEPH	: Good.	
BETTY	: What's good about it? I, I miss him something fierce.	something fierce 恐ろしいくらい
JOSEPH	: I mean this is good dialogue along in here. It'll play.	along in here このあたりの play (脚本が)上演できる
BETTY	: It will?	
JOSEPH	: Sure, especially with lots of music underneath, drowning it out.	especially 特に underneath 下に, 表面下に ◎ drown out かき消す ◎
BETTY	: Don't you sometimes hate yourself?	
JOSEPH	: Constantly. You know, in all seriousness, this is really good. It's fun writing with you.	constantly いつも in all seriousness 大まじめに
JOSEPH	: Oh, thanks.	

Betty finds her packet of cigarettes is empty, so turns and sees Joseph's open cigarette case, inside which is written, "Mad about the Boy. Norma." Betty takes a cigarette.

packet 包み
mad about... ～に夢中
the Boy ◎

BETTY	: Who's Norma?	
JOSEPH	: Who's who?	Who's who ◎

Betty holds up the case.

hold up 持ち上げる

BETTY	: Oh, I'm sorry, I don't usually read private cigarette cases.	private 個人用の
JOSEPH	: Oh, that. It's ah...from a friend of mine. A middle-aged lady, very foolish and very generous.	a friend of mine 私の友だちの一人 middle-aged 中年の foolish 愚かな generous 気前のよい
BETTY	: I'll say, this is solid gold.	solid gold 純金
JOSEPH	: I gave her some advice on an idiotic script.	
BETTY	: Oh, the old familiar story.	old 昔からある familiar 聞き慣れた

ベティー	:	アーティからすっごくおかしい手紙が来たの。アリゾナについてから毎日、雨が降ってたんだって。雨に合わせて台本を全部書き換えて、もう半分撮ったんですって。そしたら今度は晴れたから、いつ戻れるかわからないそうよ。
ジョー	:	いいね。
ベティー	:	何がいいっていうの？ 私、あの人がいなくてとっても寂しいのに。
ジョー	:	僕が言ってるのはここのやりとりのことだよ。こいつは使えるな。
ベティー	:	本当に？
ジョー	:	ああ、BGM を大音量で流して、言葉が聞こえないようにすれば特にね。
ベティー	:	あなた、そんな皮肉ばっかり言って時々自分が嫌にならない？
ジョー	:	いつもそうさ。いや、まじめな話、これはとてもよくできてる。君と仕事するのが楽しいよ。
ベティー	:	まあ、ありがとう。

ベティーが自分のタバコのパッケージが空なことに気づき、後ろを振り返りジョーの開いたままのシガレットケースを見つけると、ふたの内側に「坊や、あなたに夢中よ、ノーマ」と書いてある。ベティーはタバコを手に取る。

ベティー	:	ノーマって誰？
ジョー	:	え、何？

ベティーはシガレットケースを持ち上げて見せる。

ベティー	:	あら、ごめんなさい、普段は人のシガレットケースの文字を読んだりしないんだけど。
ジョー	:	ああ、それか。それはその…友達からもらったんだ。中年のご婦人でね、ひどく世間知らずで気前がいいのさ。
ベティー	:	ねえ、これって純金よ。
ジョー	:	ばかげた台本にちょっとアドバイスしただけだよ。
ベティー	:	ああ、よくある話ね。

■ the funniest letter
比較の最上級で、本来は「最もおもしろい手紙」という意味だが、ここでは強調を表し、「ほんとにおもしろい」くらいの意。

■ It's rained
= It has rained

■ underneath
ここでは背景で音楽が流れるさまを表す。

■ drown out
ここでは言葉が音楽でかき消されるさまを表す。drown は本来「水浸しにする」という意味。ここの it は言葉を指す。

■ the Boy
ジョーのこと。

■ Who's who
「ノーマって誰？」と尋ねられて、「ノーマ」という名前が聞こえなかったふりをしている。それで「ノーマ」の部分を「誰」に置き換えている。

■ a friend of mine
ここではノーマのことを「友達のうちの一人」と言って、ノーマとの関係をごまかしている。

BETTY : You help a timid little soul across a crowded street. She turns out to be a multi-millionaire and leaves you all her money.

JOSEPH : That's the trouble with you readers. You know all the plots. Now suppose you proofread page ten while the water boils, okay?

BETTY : Okay.

Joseph continues typing.

INT. STUDIO - NIGHT - Later, he and Betty walk through empty movie lots eating apples.

JOSEPH : (v.o.) Sometimes, when we got stuck, we'd make a little tour of the drowsing lot. Not talking much, just wandering down alleys between the sound stages, or through the sets they were getting ready for the next day's shooting. As a matter of fact, it was on one of those walks when she first told me about her nose.

Betty describes the street.

BETTY : Look at this street. All cardboard, all hollow, all phoney, all done with mirrors. You know, I like it better than any street in the world. Maybe because I used to play here when I was a kid.

Joseph throws his apple down the street.

JOSEPH : What were you...a child actress?

BETTY : No, I was born just two blocks from the studio, right on Lemon Grove Avenue. My father was head electrician here till he died. Mother still works in wardrobe.

JOSEPH : Second generation, huh?

ベティー	:	人ごみの中を横切れずに弱っている女性を助けてあげたら、その女性が実は大富豪で、遺産をすべてくれるの。
ジョー	:	これだから、校正係は困るんだ。どの筋もおなじみだからな。さて、お湯が沸く前に 10 ページ目を校正してくれるかな？
ベティー	:	了解。

ジョーはタイプを打ち続ける。

屋内 – スタジオ – 夜 – その後、ジョーとベティーはりんごを食べながら空っぽのセットの間を歩く。

ジョー	:	（画面外）時々行きづまると、静まりかえったセットを２人で散歩した。何を話すでもなく、スタジオの間の道や、明日の撮影のために準備されたセットの間をさまよった。実は、彼女が初めて自分の鼻の話をしたのはそうした散歩のときだった。

ベティーは通りの説明をする。

ベティー	:	この通りを見て。すべて段ボールでできている、空っぽで偽の魔法の町。でも、ここが世界中で一番好きなの。たぶん、子どものころよくここで遊んだからね。

ジョーは通りに向かってりんごを投げる。

ジョー	:	君は…子役だったの？
ベティー	:	いいえ、スタジオから２ブロック先の、レモングローブ通り生まれなの。父は亡くなるまでここで電気係のチーフをしていてね。母は今でも衣装部で働いているわ。
ジョー	:	２代目ってわけかい？

■ That's the trouble with you readers
直訳すると「それが君たち校正係の問題点だ」の意。普段、多くの台本を読みつけている校正係のベティーに脚本家である自分の話をありがちだと言われたことに対し、ジョーは軽い皮肉で応じている。

■ while the water boils
「お湯が沸く間」が直訳だが、ここでは「コーヒーができるまで」の意。

■ movie lot
映画の撮影所のこと。

■ we'd
= we would
この would は「～したものだ」という意味。

■ drowsing lot
drowsing とは「うとうとしている」という意味で、lot は「区画」という意味から「撮影所」を指し、翌日の撮影のために、夜遅くまで準備をしている映画の撮影所のことを言っている。

■ with mirrors
「魔法で」の意。英国の推理作家アガサ・クリスティ（Agatha Christie）に「魔術の殺人」（They Do It with Mirrors, 1952）という小説がある。

■ child actress
男の子役だと child actor となる。

■ avenue
米国の都市ではしばしば Avenue と Street が直角に交差している。

BETTY	: Third. Grandma did stunt work for Pearl White. I come from a picture family. Naturally they expected me to become a great star. So I had ten years of dramatic lessons, diction, dancing. Then the studio made a test. Well, they didn't like my nose. Slanted this way a little. So I went to a doctor and had it fixed. They made more tests and they were crazy about my nose, only they didn't like my acting.	stunt work スタントの仕事 ◎ Pearl White パール・ホワイト ◎ expect 期待する dramatic lesson 演劇のレッスン diction 話し方 slanted 斜めになった, 曲がった had it fixed ◎ acting 演技

Joseph uses the flame of his lighter to look at Betty's nose.   flame 炎

JOSEPH	: Nice job.	
BETTY	: It should be, it cost me three hundred dollars.	It should be ◎ cost 費用がかかる
JOSEPH	: That's the saddest thing I've ever heard.	That's the...heard ◎
BETTY	: Oh, not at all. It taught me a little sense. I got a job in the mailroom, worked up to the stenographic, now I'm a reader.	not at all 全然〜ない ◎ sense 意義, 意味 mailroom 郵便室 up to 〜に至るまで, 〜までも stenographic 速記の ◎
JOSEPH	: Come clean, Betty. At night you weep for the lost close-ups, those gala openings.	come clean 白状する weep すすり泣く, 涙を流す lost なくした, 失った close-up 大写しの場面 gala opening 上映初日
BETTY	: Not once. What's wrong with being the other side of the cameras? It's really more fun.	not once 一度もない the other side 反対側
JOSEPH	: Three cheers for Betty Schaefer. I will now kiss that nose of yours.	three cheers 万歳三唱 that nose of yours 君のその鼻 ◎
BETTY	: If you please.	

Holding Betty, Joseph kisses her nose.

JOSEPH	: May I say that you smell real special?	May I say...real special ◎ smell においがする real special 本当に特別な
BETTY	: Must be my new shampoo.	
JOSEPH	: That's no shampoo. It's more like freshly laundered linen handkerchiefs, like a brand-new automobile. How old are you anyway?	more like... もっと〜ような launder 洗濯する linen リネンの brand-new automobile 新車

ベティー	: 3代目よ。祖母がパール・ホワイトのスタントウーマンを務めていたから。映画一家なの。だから私は大スターになるよう期待されていた。10年間も演技レッスンを受けたわ――発声法だのダンスだの。そして撮影テストを受けた。でも、私の鼻がだめだって言うの。こっちの方に少し曲がってるって。それで医者に行って直してもらったわけ。さらにテストを受けて鼻は気に入ってもらえたけど、今度は演技がだめだって。

ジョーはライターの火をともして、ベティーの鼻を見る。

ジョー	: いい出来だ。
ベティー	: でしょう、300ドルもしたんだから。
ジョー	: そいつは心底気の毒な話だ。
ベティー	: あら、そんなことないわよ。ちょっとは自分の身のほどがわかったし。郵便係の仕事にありつけた後は、速記係に出世して今じゃ校正担当なんだもの。
ジョー	: 正直に言えよ、ベティー。夜になるとカメラのクローズアップや上映初日のイベントを思って泣いてるって。
ベティー	: 全然。裏方の仕事はだめなわけ？ ずっと楽しいわ。
ジョー	: ベティー・シェーファーに万歳三唱だ。君の鼻にキスさせてくれ。
ベティー	: どうぞ。

ベティーに腕を回すと、ジョーは彼女の鼻にキスする。

ジョー	: いい香りがするね。
ベティー	: シャンプーを替えたせいじゃないかしら。
ジョー	: シャンプーじゃない。洗い立ての木綿のハンカチとか、新車のような香りだ。ところで君はいくつ？

■ stunt work
危険な演技を俳優の代わりに行う仕事。

■ Pearl White
アメリカの映画女優(1889-1938)。無声映画の「スタントの女王」と呼ばれ、数々の危険な役をこなしたいわゆるアクション女優である。そのために負った傷の痛みから逃れるため、晩年はアルコール中毒になり、肝硬変で死亡した。代表作は *The Perils of Pauline* (1914)。パラマウント映画は 1947 年にベティ・ハットン主演でパール・ホワイトの自伝的映画『ポーリンの冒険』(*The Perils of Pauline*)を製作した。ここでは「スタントの女王」の「スタントの仕事」をベティの祖母がしていたということから、実はパール・ホワイトは危険な演技はしていなかったのではないかという疑念が生じ、映画製作の内情を暴露しているように感じられる。

■ had it fixed
「have + O + 過去分詞」で「O を～してもらう」の意。
ex. I had my hair cut.(私は髪を切ってもらった)

■ It should be
= It should be a nice job
「当然上出来のはずだわ」の意。

■ That's the saddest...ever heard
「最上級 + S + have ever + 過去分詞」で「今まで～した中で一番」の意。

■ not at all
ここでは「そんなこと全然ないわよ」の意。

■ stenographic
room が省略されており、the stenographic room で「速記室」の意。

■ that nose of yours
指示代名詞と所有代名詞は並列できないので of をはさんで用いる。
ex. I like that smile of hers.(私は彼女のあの笑顔が好きだ)

■ May I say that...smell real special?
単に You smell real special と言うよりも丁寧な表現になる。

BETTY : Twenty two.

JOSEPH : Smart girl. Nothing like being twenty two. And may I suggest, that if we're ever to finish this story, you stay at least two feet away from me. The first time you see me coming any closer, I want you to take off a shoe and clunk me on the head it. Now, back to the typewriters, by way of Washington Square.

The two walk off.

EXT. / INT. NORMA'S MANSION - NIGHT - Joseph drives the car back into the garage. Stepping out, he picks up a script, then turns to see Max staring at him from the corner of the room.

JOSEPH : What is it, Max? Wanna wash the car? Or are you doing a little spying in your off hours?

MAX : You must be very careful as you cross the patio. Madame may be watching.

JOSEPH : How about going up the kitchen stairs and undressing in the dark? Will that do it?

MAX : I'm not enquiring where Mr. Gillis goes every night.

JOSEPH : Why don't you? I'm writing a script and I'm gonna finish it! No matter what.

MAX : Maybe it's just that I am greatly worried about Madame.

JOSEPH : Sure you are. And we're not helping her any. Feeding her lies and more lies, getting herself ready for a picture. What happens when she finds out?

MAX : She never will. That is my job and it has been for a long time. You must understand, I discovered her when she was sixteen. I made her a star. And I cannot let her be destroyed.

JOSEPH : You made her a star?

ベティー	：	22歳よ。
ジョー	：	すてきだね。22歳なんて最高じゃないか。もしこの台本を完成できるようなときがきたら、僕から少なくとも2フィートは離れていることだ。それ以上僕が近寄ろうとしたら、靴を脱いで僕の頭にぶつけてくれ。さて、仕事に戻ろう、ワシントン・スクエアを通ってね。

2人は歩き去る。

屋外／屋内 – ノーマの邸宅 – 夜 – ジョーは車を車庫に入れる。車から出ると台本を拾い上げ、部屋の隅でジョーを見つめているマックスに気づく。

ジョー	：	どうした、マックス？　車を洗いたいのか？　それとも暇な時間にスパイごっこかい？
マックス	：	パティオを通られるときはご注意ください。奥様がご覧になっているかもしれませんので。
ジョー	：	台所の階段から上がって、暗闇の中で着替えるってのはどう？　それでいいだろう？
マックス	：	ギリス様が毎晩どちらにお出かけか、お尋ねしているのではありません。
ジョー	：	聞けばいいじゃないか。台本を書いていて、もうすぐ完成させるんだ。何がなんでもな。
マックス	：	私はただ、奥様のことがとても心配なだけなのです。
ジョー	：	そうだろうね。でも僕らがやってることは無駄さ。次から次へとうそで甘やかし、また映画に主演する準備をさせているんだから。本当のことに気づいたらどうなる？
マックス	：	気づかせません。それが私の仕事ですし、長年そうしてきました。いいですか、私は彼女が16歳のときに見出したのです。そしてスターにした。ですから彼女に傷がつくのを防がねばならないのです。
ジョー	：	君が彼女をスターにした？

■ Nothing like being twenty two
There's nothing like home.（わが家が一番）という言い回しもある通り、(There is) nothing like... は「〜ほどいい（素敵な）ものはない」という意味。したがって、「22歳なんて最高じゃないか」ということ。

■ if we're ever to finish this story
「if + S + be to + 動詞の原形」で「もし〜したいと思うなら」の意。この文のように肯定文の if 節で用いられる ever は「いずれ、いつか」の意。
ex. If you are to succeed, you must work hard.（もし成功したいと思うなら、一生懸命に働かないと）

■ feet
foot の複数形で、長さの単位。1フィートは30.48cm。12インチで1フィートになる。

■ you see me coming
「S + see + O + 現在分詞」で「SはOが〜しているのを見る」の意。

■ clunk
「hit + O + on the + 体の部位」の表現で「Oの〜をたたく」の意。

■ Washington Square
ニューヨーク・マンハッタンに実在するが、ここではもちろん映画のセットである。

■ What is it?
「何の用だ」
直訳すれば「それは何だ」という意味だが、ここでは「何の用だ」という決まり文句。

■ Wanna wash the car
= Do you want to wash the car

■ Will that do it
That will do で「それで結構です」という決まり文句。ここでは疑問文で「それでいいだろう」という意味になる。

■ Sure you are
= I'm sure you are worried
ここでは「君が心配しているのはわかってるよ」という意。

■ She never will
= She never will find out

151

MAX : Yes, I directed all her early films. There were three young directors who showed promise in those days. D. W. Griffith, Cecil B. DeMille and Max Von Mayerling.

JOSEPH : And she's turned you into a servant.

MAX : It was I who asked to come back, humiliating as it may seem. I could've continued my career, only I found everything unendurable after she'd left me. You see, I was her first husband.

Looking very stressed, Norma smokes a cigarette as she walks through her room to Joseph's. She finds him asleep in bed.

NORMA : You're here, Joe. When did you come home? Oh, Joe, where were you? Is it a woman? I know it's a woman. Who is she? Why can't I ask you? I must know.

Norma sees Joseph's script in his jacket. She picks it up and starts reading it, but being too dark she goes to the lamp in her room. She raises her glasses to read the title, "UNTITLED LOVE STORY by JOSEPH C. GILLIS and BETTY SCHAEFER."

マックス	: そうです。彼女の初期作品すべてを私が監督しました。当時、将来を嘱望された監督が3人いましてね。D・W・グリフィス、セシル・B・デミル、そしてマックス・フォン・マイヤリング。
ジョー	: そして、彼女は君を召使にしたのか。
マックス	: 私から、彼女の元に戻らせてくれと頼んだのです。傍目には屈辱的な姿に見えるかもしれませんが。彼女が去った後、すべてに耐えられなくなって監督業から足を洗いましてね。私は彼女の最初の夫だったんですよ。

かなり疲れ切った様子で、ノーマはタバコを吸いながら自分の部屋からジョーの部屋へと歩いていく。ジョーがベッドで寝ているのに気づく。

ノーマ	: いたのね、ジョー。いつ帰ってきたの？ ねえ、ジョー、どこにいたの？ 女の所なの？ きっとそうね。誰なの？ なぜ教えてくれないの？ 知りたいのよ。

ノーマはジョーの上着のポケットにある台本に気づく。それを手にとって読み始めるが、暗くて見えないので自分の部屋のランプの下に行く。眼鏡を取り上げて読むと、「名もなき恋物語　ジョー・C・ギリス、ベティー・シェーファー作」とある。

■ D. W. Griffith
= David Wark Griffith
アメリカ合衆国の映画監督(1875 - 1948)。代表作は『國民の創生』(The Birth of a Nation, 1915)、『イントレランス』(Intolerance, 1916)。さまざまな映画技法を生み出し、またその編集方法から後に「映画の父」と呼ばれるが、1930年代以降は忘れられた存在となった。

■ Max Von Mayerling
前出の2名の映画監督とは違い、これは架空の映画監督だが、このマックスを演じているエリッヒ・フォン・シュトロハイム(Erich Von Stroheim)は映画監督でもあった。代表作は『グリード』(Greed, 1924)、『メリー・ウィドー』(The Merry Widow, 1925)、『結婚行進曲』(The Wedding March, 1928)。本編でマックスが上映するノーマ主演の映画(Queen Kelly)は、このシュトロハイムが監督した実物の映画だが、ノーマを演じるグロリア・スワンソンと衝突し、撮影中止となったものである。

■ It was I who asked to come back
「It + is + A + who…」の強調構文で、「～なのはAだ」の意。

■ humiliating as it may seem
= though it may seem humiliating
「屈辱的に思えるかもしれないが」という意。

■ I could've continued
= I could have continued
「could + have + 過去分詞」で「(しようと思えば)～できただろうが」の意。

■ untitled love story...Betty Schaefer
ここでは本来この2人によって「書かれた」恋物語という意味だが、これをノーマは「ジョーとベティーの恋物語」ととらえている。

The Stars Are Ageless

INT. BETTY'S OFFICE - NIGHT - Betty works at the typewriter while Joseph writes script with a pencil. Betty stops typing and leans on the typewriter, staring at Joseph. He turns to her.

lean 寄りかかる

JOSEPH : What's the matter?

Getting no response, Joseph clicks his fingers.

Getting no response ⊙
response 反応, 返答
click 音を鳴らす
wake up 目を覚ます

JOSEPH : Betty, wake up. Why are you staring at me like that?
BETTY : Oh, was I? I'm sorry.
JOSEPH : What's wrong with you tonight? What is it?
BETTY : Oh, something came up. I, I don't wanna talk about it.

come up 起こる ⊙

JOSEPH : Why not?

Why not ⊙

Betty gets up and walks to the verandah. Joseph joins her.

join 加わる, 一緒になる

BETTY : I just don't.
JOSEPH : What have ya heard? Come on, let's have it. Is it about me? Betty, there's no use running out on it. Let's face it, whatever it is.
BETTY : I got a telegram from Artie.
JOSEPH : From Artie? What's wrong?
BETTY : He wants me to come on to Arizona. He says it only costs two dollars t...to get married there. It would kind of save us a honeymoon.
JOSEPH : Well, why don't you? We can finish the script by Thursday.

I just don't ⊙
ya 君
let's have it ⊙
there's no use...ing ～してもしょうがない
run out on ～から逃げ出す
face 立ち向かう

telegram 電報

Arizona アリゾナ州 ⊙
it only...there ⊙
save 節約する, 出費が減る

スターは不滅

TIME　01:27:30
□□□□□□

屋内－ベティーの仕事場－夜－ベティーはタイプライターを打ち、ジョーは鉛筆で台本を書いている。ベティーはタイプの手を止めてタイプライターにもたれかかり、ジョーを見つめている。ジョーが彼女を見る。

ジョー　　：どうしたんだ？

返事がないので、ジョーは指を鳴らす。

ジョー　　：ベティー、起きろ。何でじっと見るんだ？

ベティー　：あら、そう？　ごめんなさい。
ジョー　　：今夜はどうしたんだ？　何があった？
ベティー　：ええ、ちょっとしたことが起きたんだけど。そのことは…話したくないの。

ジョー　　：なぜ？

ベティーは立ち上がるとベランダに歩いていく。ジョーもそこへ行く。

ベティー　：話したくないのよ。
ジョー　　：何か聞いたのか？　ねえ、教えてくれよ。僕のことかい？　ベティー、逃げていたって仕方ないよ。事実がどうであろうと、きちんと向き合おうじゃないか。

ベティー　：アーティから電報が届いたの。
ジョー　　：アーティから？　何か問題でも？
ベティー　：私にアリゾナに来いって。アリゾナだと、結婚するのに2ドルしかかからないから。それに新婚旅行にもなるって言うの。

ジョー　　：なんだ、そうすればいいじゃないか。台本は木曜日には仕上がるんだし。

■ **Getting no response**
= As he got no response
分詞構文で理由を表し、ここでは「返事がないので」という意。
ex. Having a lot of things to do, he was very busy.（すべきことがたくさんあったので、彼はとても忙しかった）

■ **come up**
= happen; occur

■ **Why not?**
= Why don't you want to talk about it?
ここでは直前のdon't wannaを受けて、「なぜ～したくないんだ？」という意。

■ **I just don't**
= I just don't wanna (talk about it)

■ **Let's have it.**
「(何があったのか)教えてくれ」
直訳「それを(一緒に)持ちましょう」からこの意になる。

■ **Arizona**
米国南西部の州。カリフォルニア州とニューメキシコ州の間にある。州都はフェニックス。愛称はthe Grand Canyon State。

■ **it only costs two…get married there**
「it cost＋費用＋to＋動詞の原形」で「～するのに(費用)がかかる」となる。ここでは「そこでは結婚するのに2ドルしかかからない」という意味になる。

155

Betty starts crying.

JOSEPH : Stop crying, will ya? You're getting married. That's what you wanted.
BETTY : I don't want it now.
JOSEPH : Why not, don't you love Artie?
BETTY : Course I love him. I always will. I... I'm not in love with him anymore, that's all.
JOSEPH : What happened?
BETTY : You did.

Joseph and Betty embrace and kiss.

INT. NORMA'S MANSION / BETTY'S APARTMENT - NIGHT - Joseph enters the door of the mansion and heads upstairs.

JOSEPH : (v.o.) It wasn't until I got back to that peculiar prison of mine that I started facing the facts. There it was. Betty Schaefer's future right in the palm of my hand. Betty Schaefer engaged to Artie Green, as nice a guy as ever lived, and she was in love with me, me.

Joseph quietly enters his room and turns on the light.

JOSEPH : (v.o.) She was a fool not to sense that there was something phoney in my set-up. And I was a heel not to have told her. But you just can't say those things to somebody you're crazy about. Maybe I'd never have to. Maybe I could get away with it, get away from Norma. Maybe I could wipe the whole nasty mess right out of my life.

Joseph sits down on his recliner. He hears the phone being dialed in Norma's room. Joseph steps up to the door to listen in. Norma lies on her bed with the phone.

---

get married 結婚する
That's what you wanted ↻

Course ↻
I always will ↻
be in love with ～に恋している, 心を奪われている
anymore もはや, もう
that's all ↻

embrace 抱き合う

It wasn't until...the facts ↻
get back to ～へ戻る
peculiar prison ↻
face the facts 事実に直面する
There it was ↻
in the palm of my hand ↻
as nice a...ever lived ↻

quietly 静かに, 音もなく

phoney 偽りの, 欺いた

heel 悪役

I'd never have to ↻

get away with ～でうまくやり過ごす
get away from ～から逃れる
wipe out 消し去る
nasty 汚らしい

He hears...dialed ↻
dial ～に電話をかける
step up 歩み寄る
listen in 盗み聞きする

ベティーは泣き始める。

ジョー ： なあ、泣くなよ。結婚するんだろ。君が望んでたことじゃないか。

ベティー ： 今はだめなの。

ジョー ： どうしてだい、アーティを愛してないのか？

ベティー ： もちろん愛してるわ。これからもずっと。でも…もう彼に恋してないの、それだけよ。

ジョー ： 原因は何？

ベティー ： あなたよ。

ジョーとベティーは抱き合いキスする。

屋内－ノーマの邸宅／ベティーのアパート－夜－ジョーは邸宅のドアから入り、階段を上がる。

ジョー ： （画面外）この奇妙な牢獄に戻ってから、僕はやっと事態を把握し始めた。この上なくはっきりと。ベティー・シェーファーの未来は僕の手の中にある。ベティー・シェーファーは、あの素晴らしくいいやつであるアーティ・グリーンと婚約しているのに、この僕に恋しているのだ。

ジョーはそっと部屋に入り、明かりをつける。

ジョー ： （画面外）人のいい彼女は、僕という人間のでたらめぶりに気づいていない。僕も彼女に言わないような悪党だ。でも、こんなことを恋する相手に打ち明けられるわけがない。ひょっとすると打ち明ける必要も生じないのかもしれない。あるいはノーマから逃げ出して、後ろ暗いことなんか何もなかったふりだってできるかも。このただれきった関係をすっぱり清算することだってできるかもしれないんだ。

ジョーはリクライニングシートに座っている。ノーマの部屋から電話のダイヤルの音が聞こえてくる。ジョーは立ち上がってドアのそばに歩み寄り、聞き耳を立てる。ノーマは電話を持ったままベッドにいる。

■ That's what you wanted.
「それは君が望んでいたことじゃないか」の意で、what は関係代名詞で「〜が…する(した)こと」の意。

■ Course
= of course

■ I always will
ここでは「ずっと愛するつもりよ」の意。

■ that's all
直訳すれば、「それが全部です」となり、ここでは「それだけのことよ」という意味になる。

■ It wasn't until I...facing the facts
「It is not until...that」の構文で「〜してはじめて(that 以下)する」の意。

■ peculiar prison
「奇妙な牢獄」の意で、ここではノーマの邸宅を指す。「牢獄」と言っているのはノーマに束縛されているさまを表している。

■ There it was
「実情はそのとおりであった」の意で、何らかの意見の確証を得たことを示す。

■ in the palm of my hand
直訳すると「私の手のひらにあって」となり、「私に支配されて」という意味になる。

■ as nice a guy as ever lived
「as...as ever lived」で「並外れた」の意。この構文が使われるのはまれである。ここでは「並外れた素晴らしい男」という意味。

■ I'd never have to
= I would never have to say those things...
ここでは「そんなことを言う必要はないだろう」という意味。

■ He hears the phone being dialed
「S + hear + O + 現在分詞」で「S は O が〜しているのを聞く」の意だが、ここでは being dialed と受身の形になっているので、直訳すると「電話がかけられているのを聞く」という意味になる。

NORMA : Hello, is this Gladstone nine two eight one? May I speak to Miss Betty Schaefer? She must be home by now.

CONNIE in Betty's apartment answers the phone and calls to Betty who comes out of the bathroom.

CONNIE : Hey, Betty, here's that weird-sounding woman again.

BETTY : Well, what is this anyway? (on phone) This is Betty Schaefer.

NORMA : You must forgive me for calling you so late, but I really feel it's my duty. It's about Mr. Gillis. You do know Mr. Gillis? Exactly how much do you know about him? Do you know where he lives? Do you know how he lives? Do you know what he lives on?

BETTY : Who are you? What do you want? What business is it of yours anyway?

NORMA : Miss Schaefer, I'm trying to do you a favor. I'm trying to spare you a great deal of misery.

Joseph enters the room.

NORMA : Of course, you may be too young to even suspect there are men of his sort. I don't know what he's told you, but he does not live with relatives, nor with friends in the usual sense of the word. Why ask him. Hmph, ask him again.

Joseph reaches over and grabs the phone from Norma, startling her.

JOSEPH : (on phone) That's right, Betty, ask me again. This is Joe.

BETTY : Joe, where are you? What is this all about?

ノーマ	：	もしもし、グラッドストーン 9281 かしら？ ベティー・シェーファーさんはいらっしゃる？ もうお帰りよね。

ベティーのアパートにいるコニーが電話を取り、ベティーに呼びかける。ベティーはバスルームから出てくる。

コニー	：	ねえベティー、またあの気味悪い女の人からよ。
ベティー	：	まあ、一体何の用かしら？ （電話に出る）ベティー・シェーファーですが。
ノーマ	：	遅くに電話してごめんなさいね、でも電話してお伝えするのが私の義務だと思うから。ギリスさんのことよ。彼をご存知よね？ 彼のことをどのくらい知ってる？ 住んでいる所はどこか？ どんな暮らしをしているか？ どうやって生計を立てているかはご存知？
ベティー	：	あなたは誰？ 何がしたいの？ あなたと何の関係があるっていうの？
ノーマ	：	シェーファーさん、あなたのためを思って話しているのよ。不幸にならずに済むようにしてあげたくって。

ジョーが部屋に入ってくる。

ノーマ	：	まあ、まだお若いから、世の中には彼のような男がいるってことご存知ないのね。彼が何を話したか知らないけれど、親戚や友達と——普通の意味の友達と——暮らしているわけじゃないの。彼にお聞きなさいよ。ふふ、もう一度聞いてみるといいわ。

ジョーは近寄り、ノーマから受話器を取り上げて彼女を驚かせる。

ジョー	：	（電話に出る）そうさ、ベティー、僕に聞きなよ。ジョーだ。
ベティー	：	ジョー、どこにいるの？ 一体どういうわけ？

■ is this Gladstone...eight one?
電話で「そちらは～ですか」と尋ねる表現。電話での会話では相手・自分を指すのに this を使う。

■ May I speak to
電話で話したい相手を呼び出す「～さんをお願いできますか」という表現。

■ This is Betty Schaefer
「This is...」で「こちらは～です」という電話での表現。

■ You do know
この do は強意を表し、「本当に」の意。

■ business
ex. It's none of your business. = It's no business of yours.（あなたには関係ないわ）

■ you may be too...of his sort
この文の最後に in the world を補った上で直訳すると「世間には彼のような男がいることを知るには、あなたは若すぎる」となる。

■ What is this all about?
「どういうことなの？」の意で、驚いて聞き返す表現。

JOSEPH : Or better yet. Why don't you come out and see for yourself. The address is ten thousand eighty six Sunset Boulevard.

Joseph slams down the receiver. Joseph walks back toward his room, but stops and turns to Norma.

NORMA : Don't hate me, Joe. I did it because I need you. I need you as I've never needed you before. Look at me. Look at my hands. Look at my face. Look under my eyes. How can I go back to work if I'm wasting away under this torment? You don't know what I've been through these last weeks.

Norma cries into the bed. She lifts her head.

NORMA : I bought myself a revolver, I did. I did. I stood in front of that mirror, but I couldn't make myself do it. Don't just stand there hating me. Shout at me, strike me, but don't hate me. Say you don't hate me, Joe.

Joseph paces across the room.

INT. CAR / NORMA'S MANSION - NIGHT - CONNIE drives Betty to Norma's mansion. Betty checks the house numbers.

BETTY : Here's ten thousand seventy nine, Connie. It must be over there.

Connie pulls into the driveway to Norma's mansion.

CONNIE : Betty, let me come along with you, please.
BETTY : No, I'll be all right.

Betty gets out of the car and walks to the door. Inside, Joseph continues to pace up and down as Norma cries.

NORMA : (muffled) I love you, Joe. I love you, Joe. I love you.

or better yet	いっそのこと
for oneself	自力で
slam down the receiver	受話器をたたきつける
as never before	かつてなかったほど
waste away	憔悴する
torment	苦悩
have been through	経験してきた
lift	持ち上げる
buy oneself	自分用に買う
revolver	回転式拳銃
I couldn't make...do it	◊
Don't just...me	◊
strike	殴る, ぶつ
pace	ゆったりと歩く
Connie drives...mansion	◊
check	調べる
house number	番地
pull into	～に入る
up and down	行ったり来たり
muffled	はっきり聞こえない

ジョー ： いっそのこと、ここに来て自分の目で確かめるといい。住所はサンセット大通り 10086 だ。

ジョーは受話器をたたきつける。ジョーは、自分の部屋に戻ろうとするが、立ち止まり、ノーマの方を振り返る。

ノーマ ： 私を嫌いにならないで、ジョー。あなたが必要だからやってしまっただけなの。かつてなかったほど、あなたを必要としているの。私を見て。私の手を見て。私の顔を見て。私の目の下を見て。もしこの苦しみにやせ衰えてしまったら、どうやって仕事に戻ればいいの？ この数週間、私が何を経験してきたのかあなたは知らないのよ。

ノーマがベッドに泣き伏せる。彼女は顔を上げる。

ノーマ ： 私拳銃を買ったのよ。買ったわ。あの鏡の前に立って、だけど自分でやることはできなかった。私を憎んだ状態でただそこに立っているのはやめて。怒鳴りつけて、殴りつけて、だけど憎まないで。ジョー、私を憎まないと言って。

ジョーはゆっくりと部屋を歩き回る。

屋内 – 車／ノーマの邸宅 – 夜 – コニーがベティーをノーマの邸宅に送っている。ベティーは番地を調べている。

ベティー ： コニー、10079 よ。あっちに違いないわ。

コニーはノーマの邸宅へ向けて車道に入る。

コニー ： ベティー、お願い、一緒に行かせて。
ベティー ： いいえ、私は大丈夫だから。

ベティーが車を降り、ドアに向かう。中ではノーマが泣いており、ジョーがうろうろと歩き続けている。

ノーマ ： （くぐもった声）愛してるわ、ジョー。愛してるわ、ジョー。愛してる。

■ I couldn't make myself do it
「make + O + 動詞の原形」で「O に〜させる」の意。ここでは O に再帰代名詞 myself を用いて「自分に〜させる」という意味になる。it は直前の拳銃を買った話題を受けており、ここでは「拳銃で自分を撃つこと」の意。この文を直訳すると「私は私自身に拳銃で自分を撃たせることができなかった」となる。

■ Don't just stand there hating me
「stand + C」で「〜の状態で立っている」となる。ここでは現在分詞の hating が補語として使われている。
ex. He stands speechless.（彼は黙って立っている）

■ Connie drives...mansion
「drive + O + to...」で「O を…へ車で運ぶ」となる。

The doorbell rings. Joseph heads to the door. Norma sits up, revealing a pistol on the bed beneath her.

NORMA	: What are you gonna do, Joe? What are you gonna do?

Max puts on his jacket and goes to answer the door. He turns on the lights as Joseph comes down the stairs. He lets Betty in.

JOSEPH	: It's all right, Max. I'll take it. Hello, Betty.
BETTY	: I don't know why I'm so scared, Joe. Is there something awful?
JOSEPH	: Come on in.

Joseph leads Betty inside.

JOSEPH	: Ever been in one of these old Hollywood palazzos? That's from when they were making eighteen thousand a week and no taxes. Careful of these tiles, they're slippery. Valentino used to dance here.
BETTY	: Is this where you live?
JOSEPH	: You bet.
BETTY	: Whose house is it?
JOSEPH	: Hers.

Joseph points to the many pictures of Norma spread throughout the room.

BETTY	: Whose?
JOSEPH	: Just look around, there's a lot of her spread about. If you don't remember the face, you must have heard the name. Norma Desmond?
BETTY	: That was Norma Desmond on the phone?
JOSEPH	: Would you like something to drink? There's always champagne on ice, plenty of caviar.

162

呼び鈴が鳴る。ジョーがドアに向かう。ノーマは上体を起こし、ベッドの上、彼女の下に拳銃を見せる。

ノーマ ：ジョー、何しようとしているの？　何しようとしているの？

マックスは上着をはおり、来客の応対に出る。彼が電気をつけるのと同時に、ジョーが2階から下りてくる。マックスはベティーを招き入れる。

ジョー ：マックス、大丈夫だよ。僕に任せて。こんにちは、ベティー。
ベティー ：ジョー、自分でもなぜこんなに恐ろしいのかわからないの。何かひどいことでもあった？
ジョー ：入って。

ジョーがベティーを中へ招き入れる。

ジョー ：これらの古びたハリウッドの邸宅に一度でも入ったことがあったかい？　こいつは、彼らが週に18,000ドルも稼いで、税金は1銭も収めなかったころからあるんだよ。この辺のタイルに気をつけて。滑るから。かつてヴァレンチノがここでダンスしたんだよ。
ベティー ：あなたここに住んでるの？
ジョー ：まさにその通り。
ベティー ：誰の家なの？
ジョー ：彼女のさ。

ジョーは部屋中に広げられた多くのノーマの写真を指差す。

ベティー ：誰の？
ジョー ：ちょっと周りを見てみなよ。そこらじゅう彼女だらけだ。顔を覚えていなくても、名前は聞いたことがあるはずだよ。ノーマ・デズモンドだ。
ベティー ：あの電話の相手はノーマ・デズモンドだったの？
ジョー ：何か飲む？　いつでも冷えたシャンパンといっぱいのキャビアがあるんだよ。

■ **revealing a pistol...beneath her**
= and she reveals a pistol on the bed
動作や出来事が続いて起こる状況を表す分詞構文で「〜して、そして」の意。

■ **I'll take it.**
「それを頂きます、それにします」
本来は買い物の際の決まり文句で「それを頂きます、それにします」の意。ここでは「僕に任せて」という意味になる。

■ **Ever been in...Hollywood palazzos**
= Have you ever been in one of the Hollywood palazzos

■ **That's from when...no taxes**
that はノーマの邸宅を指す。is は「存在する、ある」の意。when は関係副詞で、直前に先行詞 the time が省略されている。ここの make は「稼ぐ(= earn)」の意。この文は「それは when 以下のときのときである」の意になる。

■ **Is this where you live?**
where は関係副詞で、直前に先行詞の the place が省略されている。直訳すると「これがあなたが住んでいる場所なの？」となる。

■ **You bet.**
「まさにその通り」
自分のことについて尋ねられたときの返答。

■ **must have heard**
「助動詞 + have + 過去分詞」の形で過去のことに対する推量を表す。「must + have + 過去分詞」で「〜したに違いない」、「may + have + 過去分詞」で「〜したかもしれない」、「cannot + have + 過去分詞」で「〜したはずがない」という意味になる。
ex. I may have told you so, but I don't remember.（そう言ったかもしれないが、覚えていないんだ）

BETTY	: Why did she call me?	
JOSEPH	: Jealous. Did you ever see so much junk? She had the ceiling brought from Portugal. And look at this.	jealous 嫉妬して junk がらくた She had...Portugal ⊙

Joseph pulls on a rope to lift a portrait and reveal a movie screen.　　portrait 肖像画

JOSEPH	: Her own movie theatre.	
BETTY	: I didn't come here to see a house. What about Norma Desmond?	
JOSEPH	: That's what I'm trying to tell you. This is an enormous place. Eight master bedrooms. A sunken tub in every bathroom. There's a bowling alley in the cellar. It's lonely here, so she got herself a companion. Very simple set-up. Older woman who's well-to-do. A younger man who's not doing too well. Can you figure it out yourself?	That's what...you ⊙ enormous 巨大な master bedroom 主寝室 sunken tub 床より低く作られた浴槽 bowling alley ボウリング場 cellar 地下室 lonely 孤立した get oneself a companion 自分に連れを作ってやる set-up 設定, 仕組み well-to-do 裕福な do well うまくいく figure out 理解する
BETTY	: No.	
JOSEPH	: All right. I'll give you a few more clues.	I'll give you...more clues ⊙ clue ヒント
BETTY	: No! I haven't heard any of this. I never got those telephone calls and I've never been in this house. Now get your things together and let's get out of here.	
JOSEPH	: All my things? All my eighteen suits, and all my custom-made shoes, and the six dozen shirts, and the cufflinks, and the platinum key-chains and the cigarette cases?	custom-made 特注の, オーダーメイドの
BETTY	: Come on, Joe.	
JOSEPH	: Come on where? Back to a one-room apartment I can't pay for. Back to a story that may sell and very possibly will not?	pay for （家賃を)払う very possibly おそらく will not ⊙
BETTY	: If you love me, Joe.	
JOSEPH	: Look, sweetie, be practical. I've got a good deal here.	sweetie かわいい人 practical 現実的な a good deal たくさん(のもの)

ベティー	:	なぜ彼女が私に電話してきたの？
ジョー	:	嫉妬だよ。これだけのがらくたを見たことがあったかい？　彼女、天井板をポルトガルから取り寄せたんだぜ。そしてこれをご覧よ。

■ She had the...from Portugal
「have + O + 過去分詞」で「O を〜させる」の意で、ここでは、「彼女は天井板をポルトガルから取り寄せた」の意。

ジョーはロープを引いて、肖像画を引き上げ、スクリーンを見せる。

ジョー	:	彼女個人の映画館だよ。
ベティー	:	家を見に来たんじゃないわ。ノーマ・デズモンドはどうしたの？
ジョー	:	それが僕がいわんとしていることなんだよ。ここは巨大なんだ。主寝室が8つあって、すべての浴室に浴槽があるんだ。地下室にはボーリンググレーンがある。こいつは人里離れているから、彼女は自分自身に連れを手に入れてやったってわけさ。とてもシンプルな仕組みだよ。裕福な老いた女。はかばかしくない若い男。あとは自分でわかるよね？

■ That's what I'm trying to tell you
ここの what は関係代名詞で「〜が…しようとしていること」という意味になる。

ベティー	:	いいえ。
ジョー	:	よろしい。もう少しヒントを与えよう。
ベティー	:	いや！　私はこれについては何も聞かなかったわ。あんな電話なんて受けなかったし、こんな家にも来なかったわ。さあ荷物をまとめて、ここから出ていきましょう。

■ I'll give you a few more clues
「give + O (人) + O (物)」で「人に物をあげる」という意味になる。この文を直訳すると「私はあなたにもう少し多くのヒントをあげるつもりだ」となる。また、この文は次のように書き換えることもできる。I'll give a few more clues to you.。

ジョー	:	僕のものすべて？　僕の18着のスーツ、あつらえた靴、6ダーツのシャツ、カフスボタン、プラチナのキーチェーン、そしてタバコ入れも全部？
ベティー	:	来て、ジョー。
ジョー	:	どこに？　ろくに家賃の支払いもできないようなワンルームのアパートにかい。売れるかもしれないが、まず売れやしないだろう脚本にかい？

■ will not?
= will not sell

ベティー	:	もし私を愛しているのなら。
ジョー	:	いいかい、かわいい人、現実的になるんだ。僕はここで多くのものを得てきた。

JOSEPH : A long-term contract with no options. I like it that way. Maybe it's not very admirable. Well, you and Artie can be admirable.

BETTY : I can't look at you any more, Joe.

JOSEPH : How about looking for the exit? This way, Betty.

Joseph leads Betty to the door.

JOSEPH : Good luck to you, Betty. You can finish that script on the way to Arizona. When you and Artie get back, if the two of you ever feel like taking a swim...

Joseph flicks on the pool lights.

JOSEPH : ...here's the pool.

Betty runs off to Connie's car. Joseph turns and goes back inside and sees Norma looking down at him from the balcony above. Joseph climbs the stairs and returns to his room, ignoring Norma.

NORMA : Thank you, darling. Thank you, Joe.

Norma tries to grab his arm, but he doesn't stop.

NORMA : Joe.

Joseph closes the door behind him. Norma approaches the door, but sees herself in the mirror. She peels off the beauty mask pieces left on her face.

NORMA : May I come in, Joe? I've stopped crying. I'm all right again. Joe, tell me you're not cross. Tell me everything is just as it was, Joe. Joe.

Norma pushes open the door to see Joseph packing his suitcase.

NORMA : What are you doing, Joe? What are you doing?

ジョー	：選択権のない長期契約だ。その方がいいんだよ。おそらく、まったく褒められたものではないかもしれないけど。ああ、君とアーティは立派だよ。	■ that way ex. Life is more exciting that way.（人生はその方がもっとおもしろい）
ベティー	：これ以上見ていられないわ、ジョー。	
ジョー	：出口を探してはどうだい？ ベティー、こっちだ。	

ジョーがベティーをドアに導く。

ジョー	：ベティー、幸運を祈るよ。君はアリゾナへ行く途中にあの脚本を完成させることができるだろう。そして君とアーティが戻ってきて、もし泳ぎたくなったら…	

ジョーがプールの明かりをつける。

ジョー	：…プールがある。	

ベティーがコニーの車に駆けてゆく。ジョーは振り返り、中に戻る。彼はノーマが上のバルコニーから彼を見下ろしているのを見る。ジョーはノーマを無視して階段を上がり、自分の部屋に戻る。

■ sees Norma looking...balcony above
「see＋O＋現在分詞」で「Oが〜しているのを見る」の意。ここでは「ノーマが上のバルコニーから彼を見下ろしているのを見る」となる。

ノーマ	：ありがとう、愛しい人。ありがとう、ジョー。	

ノーマが彼の腕をつかもうとするが、彼は立ち止まらない。

ノーマ	：ジョー。	

ジョーは後ろ手にドアを閉める。ノーマはドアに近づくが、自分の姿を鏡の中にみとめる。彼女は顔に残っていたパックのかけらをはがす。

■ behind him
ここでは「後ろ手で」という意味。

■ the beauty mask...her face
ここのleftは過去分詞「残された、残った」の意で直前のthe beauty mask piecesを修飾する。

ノーマ	：ジョー、入っていい？ もう泣きやんだから。もう大丈夫。ジョー、怒ってないって言って。ジョー、すべて今まで通りだって言って。ジョー。	

■ May I come in
「May I...?」で許可を求める表現「〜してもいいですか？」の意。

■ as it was
直訳すると「それがあったように」となる。as it isだと「そのまま、現状で」の意になる。

ノーマがドアを押し開くと、ジョーが荷物をまとめているのに気づく。

■ Norma pushes open...his suitcase
このto seeは不定詞で結果を表す副詞的用法。「see＋O＋現在分詞」で「Oが〜しているのを見る」の意。ここのto see以下は「ジョーが荷造りをしているのを見る」となる。

ノーマ	：ジョー、何してるの？ 何してるの？	

JOSEPH : I'm packing.
NORMA : You're leaving me?
JOSEPH : Yes, I am, Norma.
NORMA : No, you're not. Max! Max!

JOSEPH : Thanks for letting me wear the handsome wardrobe and thanks for the use of all the trinkets. The rest of the jewelry's in the top drawer.

Joseph tosses the watch, cigarette case and keys onto the bed.

NORMA : It's yours, Joe. I gave it to you.

JOSEPH : And I'd take it in a second, only it's a little too dressy for sitting behind a copy desk in Dayton, Ohio.

NORMA : These are nothing. You can have anything you want. What is it you want? Money?

JOSEPH : Norma, you'd be throwing it away. I don't qualify for the job. Not anymore.

NORMA : You can't go. Max! Max! I can't face life without you. And you know I'm not afraid to die.

JOSEPH : That's between you and yourself.

NORMA : You think I made that up about the gun, don't you? All right.

Norma walks to her room as Joseph closes his suitcase. She returns with the gun in her hands.

NORMA : See? You didn't believe me. Now, I suppose you don't think I have the courage?

JOSEPH : Oh, sure, if it would make a good scene.

NORMA : You don't care, do you. But hundreds of thousands of people will care!

ジョー	：荷造りさ。	
ノーマ	：私を置いていくの？	■ You're leaving me?
ジョー	：そうだよ、ノーマ。	現在進行形で決意を表すことがある。ここのleaveは「〜と別れる、〜を置いていく」の意で、この文は「私を置いていくの」となる。
ノーマ	：いいえ、あなたは行かないわ。マックス！　マックス！	ex. I'm not leaving.（立ち去るつもりはない）
ジョー	：立派な服を着させてくれてありがとう。それからすべての装身具を使わせてくれてありがとう。宝石の残りは引き出しの一番上の段にあるよ。	■ thanks for the use of all the trinkets useはここでは「使用する権利、使用許可」の意。直訳すると「すべての装身具の使用許可をありがとう」となる。

ジョーが時計とタバコ入れと鍵をベッドの上に放る。

ノーマ	：ジョー、これはあなたのものよ。あなたにあげたんだから。	
ジョー	：それならたちまち持っていってしまいたいところだけど、ただ、オハイオのデイトンで編集机に座るには少し改まり過ぎているんだよ。	
ノーマ	：そんなのつまらないものよ。欲しいものは何だって持たせてあげるわ。欲しいのは何なの？お金？	■ anything you want anythingの後に関係代名詞thatが省略されており、「あなたが欲しいものは何でも」という意味になる。このanythingは肯定文で「何でも」という意。 ■ What is it you want? 強調構文「What is it(that)...?」で「〜なのは何ですか」の意。ここでは「欲しいのは何なの？」という意味になる。
ジョー	：ノーマ、あなたは無駄遣いしているんだよ。僕は適任じゃなかったんだ。もうこれ以上は。	
ノーマ	：行かせはしないわ。マックス！　マックス！　私はあなたなしには人生と向き合うことができないの。そして、わかってるわね、私は死ぬのが怖くないのよ。	
ジョー	：それはあなた自身の問題だ。	■ That's between you and yourself 直訳すると「それは君と君自身の間のことだ」となることから、ここでは「それは君自身の問題だ」という意味になる。
ノーマ	：あなた、拳銃について私が話をでっち上げたと思ってるでしょ？　いいわ。	

ジョーがスーツケースを閉じるのと同時に、ノーマは自分の部屋に歩いていく。彼女は拳銃を手にして戻ってくる。

■ with the gun in her hands
「with＋O＋前置詞＋名詞」で「Oを〜して」の意。ここでは「銃を両手に持って」という意味になる。

ノーマ	：わかった？　私を信じてなかったわね。今度は、私に勇気があるとは思っていないんじゃないの？	
ジョー	：ああ、もちろん、もしいい見せ場になるのならね。	
ノーマ	：あなたは気にしてないのね。だけど何十万の人たちが心配するわ！	■ You don't care, do you 付加疑問文。ここでは「気にしないのね」という意味になる。

169

JOSEPH	: Oh, wake up, Norma. You'd be killing yourself to an empty house. The audience left twenty years ago. Now face it.	kill oneself 自殺する audience 観客 Now face it ◊
NORMA	: That's a lie. They still want me.	
JOSEPH	: No, they don't.	
NORMA	: What about the studio? What about DeMille?	
JOSEPH	: He was trying to spare your feelings. The studio only wanted to rent your car.	spare your feelings ◊
NORMA	: Wanted what?	
JOSEPH	: DeMille didn't have the heart to tell you. None of us has had the heart.	have the heart to ～する勇気がある None of us...the heart ◊

Max enters the room.

NORMA	: That's a lie. They want me. I get letters every day.	

Seeing Max, Joseph pushes Norma aside.

JOSEPH	: You tell her, Max. Come on, do her that favor. Tell her there isn't going to be any picture. There aren't any fan letters, except the ones you write.	do her that favor ◊ There aren't any letters ◊ the ones you write ◊
NORMA	: That isn't true. Max!	
MAX	: Madame is the greatest star of them all. I will take Mr. Gillis's bags to the car.	

Max takes Joseph's suitcases and leaves the room.

MAX	: You heard him. I'm a star.	
JOSEPH	: Norma, you're a woman of fifty. Now grow up. There's nothing tragic about being fifty, not unless you try to be twenty five.	grow up 成長する，大人になる tragic 悲劇的な unless ～しない限り
NORMA	: The greatest star of them all.	
JOSEPH	: Goodbye, Norma.	

ジョー	：	ああノーマ、目を覚ますんだ。あなたは空っぽの家で自殺しようとしてるんだぞ。観客は20年前に去ったんだ。さあ、現実と向き合うんだよ。
ノーマ	：	うそだわ。彼らは今だって私を必要としてる。
ジョー	：	いいや、彼らはあなたを必要としていない。
ノーマ	：	撮影所はどうなの？ デミルは？
ジョー	：	彼はあなたの心を傷つけないようにしていた。撮影所はあなたの車が必要だっただけさ。
ノーマ	：	何が必要ですって？
ジョー	：	デミルはあなたに伝えるための勇気を持ってはいなかった。僕たちのうちの1人だってその勇気を持ってはいないんだ。

マックスが部屋に入ってくる。

ノーマ	：	うそよ。みんな私を求めているわ。毎日手紙をもらっているもの。

マックスを見て、ジョーはノーマを脇へのける。

ジョー	：	おまえが彼女に言うんだ、マックス。さあ、その親切をやってやれ。もう映画なんかないだろうって教えてやれ。おまえが書いたやつ以外、ファンレターなんか1枚もないんだって言ってやれ。
ノーマ	：	うそだわ。マックス！
マックス	：	奥様は皆様にとってもっとも偉大なスターでございます。ギリス様のバッグを車にお持ちいたしましょう。

マックスはジョーのスーツケースを持ち、部屋を去る。

ノーマ	：	聞いたわね。私はスターなの。
ジョー	：	ノーマ、あなたは50歳の女だ。さあ、大人になるんだ。50歳であることに何も悲劇的なことなんかないじゃないか。もっともあなたが25歳であり続けようとしているのなら話は別だが。
ノーマ	：	みんなにとってもっとも偉大なスターよ。
ジョー	：	さよなら、ノーマ。

■ Now face it.
「現実を見ろ」
上記の意の決まり文句。faceは動詞で「〜に直面する、立ち向かう」という意味。

■ spare your feelings
ここでは「君の心を傷つけない」の意。spareには「〜に危害を加えない」の意がある。

■ None of us has the heart
ここではthe heartの後に前出のto tell youが省略されている。前文では過去形で「勇気がなかった」の意を表し、ここでは現在完了形で「今まで勇気がなかった（が、今からはある）」という意味を含んでいる。

■ do her that favor
ここでのfavorは「親切な行為」の意。ジョーはこのセリフを皮肉をこめて言っている。またfavorのもっとも一般的な用例に以下のものがある。
ex. Would you do me a favor?（お願いを聞いていただけますか？）

■ There aren't any letters
not anyで「一つもない」の意。ここでは前出のノーマのセリフI get letters every dayに対して言っている。

■ the ones you write
= the letters which you wrote
onesは「手紙」を指し、その後に関係代名詞whichが省略されている。ここではノーマが受け取っていたファンレターは実はマックスが書いていたことを明らかにしている。

Joseph picks up his bag and leaves.

NORMA : No one ever leaves a star. That's what makes one a star.

Joseph goes down the stairs. Norma comes out of the bedroom with the gun.

NORMA : Joe! Joe!

Norma chases after Joseph, but he keeps on walking out of the mansion.

NORMA : Joe!

As Joseph walks across the patio, Norma comes out the door.

NORMA : Joe!

Norma shoots at Joseph, hitting him in the back. He keeps on walking, but is shot a second time, making him drop his bag. He turns to pick it up, but Norma shoots him again. Joseph splashes face-down into the pool. Max rushes back from the garage to find Joseph floating in the water. He runs to the entrance of the mansion where Norma is.

NORMA : The stars are ageless, aren't they?

ジョーは鞄を手にして出てゆく。

ノーマ　：誰もスターを見捨てたりしないわ。それが人をスターにするのよ。

ジョーは階段を下りていく。ノーマは寝室から拳銃を持ってでてくる。

ノーマ　：ジョー！　ジョー！

ノーマはジョーの後を追う。しかし彼は歩みを止めず邸宅から出ていく。

ノーマ　：ジョー！

ジョーが中庭を横切ったとき、ノーマがドアから出てくる。

ノーマ　：ジョー！

ノーマがジョーに向かって発砲し、彼の背中を撃つ。彼は歩き続けるが、2発目の銃弾を受け、手から鞄を落とす。彼は振り返って鞄を拾おうとするが、ノーマが再び彼を撃つ。ジョーはしぶきを上げて顔からプールに転落する。マックスがガレージから慌てて戻ってきて、ジョーが水に浮かんでいるのに気づく。彼はノーマがいる館の邸宅に駆け寄る。

ノーマ　：スターというものは歳をとらないものよ、そうじゃない？

■ No one ever leaves a star
「だれも絶対に〜ない」の意。ここの ever は「絶対に」という意味の強調を表す。
ex. No one will ever know.（誰にも絶対ばれないよ）

■ That's what makes one a star
That's what... で「それが〜するものだ」の意。ここでは「それが人をスターにするのよ」という意味になる。

■ hitting him in the back
= and hit him in the back
「hit + O + in the + 体の部位」で「Oの〜を打つ」の意。

■ Max rushes back...the water
ここの to find は結果を表す副詞的用法の不定詞。「find + O + 現在分詞」で「Oが〜しているのに気づく」の意。

■ the mansion where Norma is
ここの where は関係副詞で「ノーマがいる（所）の邸宅」という意。

Filming the Last Scene

EXT. / INT. NORMA'S MANSION - MORNING - Returning to the beginning of Joseph's story, police and reporters look at his body in the pool.

JOSEPH : (v.o.) **Well, this is where you came in. Back at that pool again. The one I always wanted. It's dawn now and they must've photographed me a thousand times. Then they got a couple of pruning hooks from the garden and fished me out, ever so gently. Funny how gentle people get with you once you're dead. They beached me like a harpooned baby whale. And started to check the damage, just for the record.**

The police examine Joseph's dead body. A crowd has built up at the entrance of Norma's mansion.

JOSEPH : (v.o.) **By this time, the whole joint was jumping, cops, reporters, neighbors, passers-by. As much whoop-de-do as we get in Los Angeles when they open a supermarket. Even the newsreel guys came roaring in. Here was an item everybody could have some fun with.**

A newsreel crew from Paramount News arrives in a truck.

JOSEPH : (v.o.) **The heartless so-and-sos.**

A stretcher is wheeled in to take away the body.

Returning to...pool ⊙
beginning 冒頭

this is where...came in ⊙

dawn 夜明け
they must've...times ⊙
photograph ～を撮影する
pruning hook 枝打ち機

fish out ～を釣り上げる
ever so 実に, 非常に
gently 優しく
Funny how...dead ⊙
beach 引き上げる
harpooned 銛を打ち込まれた
damage 損傷

examine 詳しく調べる
dead body 死体
build up 増える

joint (俗)建物, 住居

jump にぎわう
cop 警官
neighbor 近所の人
passer-by 通りがかりの人
As much...supermarket ⊙
as much as ～と同じくらいの
whoop-de-do お祭り騒ぎ
newsreel ニュース映画
come roaring in ⊙
item 記事

crew 取材班

heartless 無情な, 思いやりのない
so-and-sos 誰それ, 某氏
stretcher 担架

ラストシーンの撮影

TIME　01：43：15

□□□□□□

屋外／屋内－ノーマの邸宅－朝－ジョーの物語の冒頭に戻り、警察と記者たちがプールに浮かぶ彼を見ている。

ジョー　　：（画面外）さあ、最初にやってきた場面だ。再びあのプールに戻ってきた。僕がいつも求めていたものだ。今や夜が明け、彼らは僕を1,000回も写真に収めたに違いない。そして庭から1組の枝切りばさみを持ってきて、僕を釣り上げた。まったくもって優しく。死んだら人から優しくしてもらえるなんて、奇妙なことだ。彼らは銛を打ち込まれたクジラの赤ん坊みたいに僕を引き上げた。そして損傷の程度を調べ始めた。ただ記録のために。

警察がジョーの遺体を検査している。群衆がノーマの邸宅の入口にあふれている。

ジョー　　：（画面外）この時点で、屋敷は人でごった返していた。警官、記者、隣人、通りすがりの人。ロサンゼルスでスーパーマーケットが開店したときのようなお祭り騒ぎだった。ニュース映画の連中さえ轟音を立ててやってきた。みんながそれなりに楽しむことができるネタ、それがここにあった。

パラマウントニュースの映画取材班がトラックで到着する。

ジョー　　：（画面外）思いやりのない誰それ。

遺体を運ぶために担架が持ち込まれる。

■ **Returning to the...the pool**

ここの Returning は動作・出来事の連続を表す分詞構文で先に起こる動作・出来事が前に来る。一般に意味上軽い方が分詞構文になる。

■ **this is where you came in**

this is where で「ここが〜した所だ」の意。where は関係代名詞で場所を表し、where の前に the scene が省略されている。

■ **they must've...times**

「must + have + 過去分詞」で「〜したに違いない」という過去の推量を表す。ここでは「撮影したに違いない」という意味になる。

ex. His bike is not here. He must have gone out.（自転車がないから、彼は出かけたに違いない）

■ **Funny how gentle...you're dead**

= It is funny that people get gentle with you

ここでは that の代わりに how が用いられているが、基本的に「It...that」構文と同じで、「how 以下のことは奇妙だ」となる。get は「get + C」で「〜の状態になる」となる。ここでの how は「how + 形容詞（副詞）+ S + V」で「なんて〜」の意。ここでは形容詞の gentle が how に引っ張られて前に移動しているため、この語順となっている。また once は「once + S + V」で「いったん〜すれば」の意。

■ **As much whoop...a supermarket**

= That was as much whoop-de-do as we get in Los Angeles when they open a supermarket.

we と they は特定の誰かを指すのではなく、漠然と「人々」を意味する。直訳すると「それは、誰かがスーパーマーケットを開いたときに人がロサンゼルスで得るお祭り騒ぎと同じくらいのお祭り騒ぎだった」となる。

■ **come roaring in**

come -ing で「〜しながらやってくる」の意。ここでは「轟音を立ててやってきた」という意味になる。

175

JOSEPH : (v.o.) What would they do to Norma? Even if she got away with it in court, crime of passion, temporary insanity, those headlines would kill her. "Forgotten star a slayer." "Ageing actress." "Yesterday's glamour queen."

The entrance hall of Norma's mansion is filled with police and reporters. A POLICE OFFICER makes a phone call.

POLLICE OFFICER 1 : Coroner's office. I wanna speak to the coroner. Who's on this phone?

HEDDA HOPPER sits on Norma's bed calling on the telephone.

HEDDA : I am. Now get off! This is more important. "Times" city desk? Hedda Hopper speaking. I'm talking from the bedroom of Norma Desmond. Don't bother with a rewrite, man. Take it direct. Ready? As day breaks over the murder house, Norma Desmond, famous star of yesteryear, is in a state of complete mental shock. A curtain of silence seems to have fallen around her. She sits in a silken boudoir of her house on Sunset Boulevard...

POLICE OFFICERS encircle Norma questioning her.

POLLICE OFFICER 2 : You don't deny having killed this man, Miss Desmond? You admitting to it? Just answer me that.

POLLICE OFFICER 3 : Was it a sudden quarrel? Did you ever have any trouble between you before?

POLLICE OFFICER 2 : If it was a quarrel, how come this gun was right there?

POLLICE OFFICER 3 : This guy, where did you meet him for the first time? Where did he come from? Who is he? Did you hate him?

ジョー : (画面外)彼らはノーマに何をしただろう？ 激情の犯行、一時的な精神錯乱として彼女が法廷でうまくやってのけたとしても、これらの新聞の見出しが彼女を殺しただろう。「忘れ去られたスター、殺人犯」、「老いた女優」、「往年のグラマラスクイーン」。

ノーマの邸宅の玄関ホールは大勢の警官と記者で満たされている。1人の警官が電話をかけている。

警官1 : 検死局だ。検死官と話をしたい。誰だ？

ヘッダ・ホッパーが電話をしながらノーマのベッドに座っている。

ヘッダ : 私よ。今は電話を切りなさい！ こっちはもっと重要な要件なのよ。「タイム」編集部？ ヘッダ・ホッパーよ。ノーマ・デズモンドの寝室からかけているわ。書き直す手間をかけないでちょうだい。テキパキとやって。いい？ 殺人現場の屋敷に夜明けがおとずれたとき、往年の有名スター、ノーマ・デズモンドは完全な精神的ショック状態にあった。静寂のとばりが彼女の周りに降りているようだった。彼女はサンセット大通りの屋敷にあるぜいたくな寝室に腰かけ…

警官たちが質問を浴びせながらノーマを取り囲んでいる。

警官2 : デズモンドさん、この男性を殺害したことは否定しないのかね？ 認めるのか？ その点だけ答えなさい。

警官3 : 突発的な言い争いだったのか？ これまでにあなたがたの間で1度でも何かトラブルが生じたことは？

警官2 : 言い争いが原因だったとして、なぜこの拳銃がここにあったんだ？

警官3 : この男性とはどこで出会った？ 彼はどこの出身だ？ 彼は何者だ？ 彼を憎んでいた？

■ Even if she got...would kill her
ここでは「(even) if + S + 過去形、S + would + V」で仮定法過去「(たとえ)～だとしても、…だろう」という意味になる。ここのevenはifを強めたもの。
ex. If he said so, I would not be surprised.(彼がそう言ったとしても、私は驚かないだろう)

■ Who's on this phone?
電話での表現。Hello, this is Tom speaking. だと「もしもし、トムですが」の意。ここではspeakingの前にisが省略されており、「ヘッダ・ホッパーですが」という意味になる。ほかにMay I speak to Tom? に対してSpeaking.(私ですが)と応答する。

■ Hedda Hopper
アメリカの女優でゴシップ・コラムニスト(1885 - 1966)。ロサンゼルス・タイムズ(Los Angeles Times)のゴシップ欄「ヘッダ・ホッパーのハリウッド(Hedda Hopper's Hollywood)」を担当した。本編では本人自身が出演している。

■ sits on Norma's...the telephone
「sit + C」で「～の状態で座っている」となる。ここでは補語に現在分詞のcallingが使われており、「電話をしながら座っている」の意。

■ get off
ここでは「電話を切って」の意。

■ Times
新聞社のロサンゼルス・タイムズ(Los Angeles Times)のこと。前述のようにヘッダ・ホッパーはこの新聞のゴシップ欄を担当していた。

■ A curtain of...around her
「seem to have + 過去分詞」で「～してしまったようだ」の意。「to have + 過去分詞」は以前の時を表す不定詞。

■ boudoir
= ladies' private room; bedroom

■ You don't deny...this man
「deny + having + 過去分詞」で「～したことを否定する」の意。

POLICE OFFICER 3 : Had you thought of doing something like this before?
POLICE OFFICER 2 : Was theft involved? Did you catch him trying to steal something? Or find he had stolen something?
POLICE OFFICER 4 : Newsreel men are here with their cameras.
POLICE OFFICER 2 : Tell them to go fly a kite. This is no time for cameras. Now, Miss Desmond, is there anything you want to tell us?
NORMA : Cameras? What is it, Max?

Seemingly oblivious to the severity of the situation, Norma checks with Max what is happening.

MAX : The cameras have arrived.
NORMA : They have? Tell Mr. DeMille I'll be on set at once.
POLICE OFFICER 2 : What is this?

The police officers are puzzled.

POLICE OFFICER 3 : Well, it's one way to get her downstairs.
POLICE OFFICER 2 : Hm, mm. Let's have the car right outside. Okay.
MAX : Everything will be ready, Madame.
NORMA : Thank you, Max. You'll pardon me, gentlemen, but I must get ready for my scene.

Norma starts to do her makeup. Max goes down the stairs through the waiting REPORTERS to the newsreel CREW.

REPORTER 1: What's happening up there?
REPORTER 2: Any statement?
REPORTER 3: Why did she do it?
REPORTER 4: Is there a confession?
MAX : Everything set up, gentlemen?
CREW 1 : Just about.

警官3	:	以前にもこのようなことを考えたことは？
警官2	:	窃盗が関係しているのでは？　何かを盗もうとする彼を捕まえたのでは？　あるいは彼がすでに盗んでいたのに気がついたのでは？
警官4	:	ニュース映画の連中がカメラを抱えてきていますが。
警官2	:	あっちへ行けと言っておけ。撮影なんかしている場合じゃないんだ。さあ、デズモンドさん、私たちに何か言っておきたいことは？
ノーマ	:	カメラですって？　何なの？　マックス。

見たところ事の重大さに気づいていない様子で、ノーマはマックスに何が起きているのか確認する。

マックス	:	カメラクルーが到着したのです。
ノーマ	:	そうなの？　デミルさんにすぐにセットに入るからって伝えて。
警官2	:	どうした？

警官たちは困惑している。

警官3	:	まあ、彼女を下に連れていくのは1つの手だな。
警官2	:	ふむ。すぐ外に車を用意しよう。よし。
マックス	:	奥様、すべての準備は整っております。
ノーマ	:	ありがとう、マックス。さあ皆さん、すみませんが撮影の準備をしないとならないの。

ノーマが化粧を始める。マックスは待っている記者たちを突っ切って階段を下り、ニュース映画のクルーの元へ行く。

記者1	:	上では何が起きているんですか？
記者2	:	何か発言は？
記者3	:	なぜ彼女はあんなことを？
記者4	:	自供したんですか？
マックス	:	皆さん、準備はいいですか？
クルー1	:	だいたいは。

■ Did you catch...steal something
「catch + O + doing」で「Oが〜しているのを目撃する」の意。
ex. She caught the man stealing a book.（彼女はその男が本を盗むところを見つけた）

■ Or find
= Or did you find...

■ You'll pardon me.
「すみません」
通例、相手を呼び止めたり、誰かの邪魔になったりしたときに用いる丁寧な表現。

MAX	: Lights ready?	
CREW 2	: All set.	all set 準備万端

Max positions himself between the cameras. Everyone looks up to the balcony. Norma comes out of her room followed by the police officers. Police officers hold back reporters trying to photograph her.

position 位置を合わせる
look up to 見上げる
followed by...officers ⊙
hold back 制止する

REPORTERS: Okay, fellas, hold it, hold it!

fellas （俗）仲間 ⊙
hold it 待機する，（口語）動くな，じっとして

Max starts directing.

MAX : Quiet everybody! Lights.

The lights are turned on Norma.

MAX : Are you ready, Norma?
NORMA : What is the scene? Where am I?
MAX : This is the staircase of the palace.
NORMA : Oh, yes, yes. Down below they're waiting for the princess. I'm ready.
MAX : All right. Cameras.

palace 宮殿
down below 階下で
the princess ⊙

The cameras start rolling.

MAX : Action!

Action ⊙

The cameras follow Norma's dramatic walk down the stairs. Everyone else in the room is frozen in place.

dramatic 芝居がかった，大げさな
in place 適当な位置で

JOSEPH : (v.o.) **So they were turning after all, those cameras. Life, which can be strangely merciful, had taken pity on Norma Desmond. The dream she had clung to so desperately had enfolded her.**

after all ついに
Life, which...Desmond ⊙
merciful 慈悲深い
take pity on ～に同情を示す，～を哀れむ
The dream...desperately ⊙
cling to ～に固執する，こだわる
desperately 必死になって
enfold 包む
at the bottom of ～の下部で
go on with ～を進行させる

Norma stops at the bottom of the stairs and gives a speech.

NORMA : I can't go on with this scene, I'm too happy. Mr. DeMille, do you mind if I say a few words? Thank you.

マックス　：ライトの準備は？
クルー2　：準備万端です。

マックスはカメラの間に身を置く。全員がバルコニーを見上げる。ノーマが警官たちを引き連れて部屋から出てくる。警官が、彼女を撮ろうとする記者たちを制止する。

記者たち　：さあ皆さん、じっとして、じっとして！

マックスが指示を始める。

マックス　：皆さんお静かに！　ライト。

ライトがついてノーマに向けられる。

マックス　：ノーマ、準備はいいかい？
ノーマ　：何のシーンなの？　私はどこにいるの？
マックス　：ここは宮殿の階段。
ノーマ　：ああ、そう、そうだわ。階下でみんなが女王を待っているんだわ。準備はできたわ。
マックス　：よし。カメラ。

カメラが回り始める。

マックス　：アクション！

カメラが階下からノーマの芝居がかった歩みを追う。ほかの全員は部屋の適当な所でじっとしている。

ジョー　：(画面外)ついにカメラが回り始めた。人生とは奇妙なほどに慈悲深いものだ。ノーマ・デズモンドに憐れみをかけていたわけだ。彼女が必死になって固執した夢が、彼女を包み込んだ。

ノーマは階段の下で立ち止まり、スピーチを始める。

ノーマ　：このシーンをこれ以上続けられないわ。幸せ過ぎて。デミルさん、少しお話しさせていただいてもかまわないかしら？　ありがとう。

■ followed by the police officers
followed の前に being が省略されていると考える。受動態の分詞構文で「〜されて」という付帯状況を表し、ここでは直訳すると「警官についてこられて」という意味になる。

■ fellas
= fellows

■ the princess
= Salome
ノーマはこの撮影を自分の書いた脚本『サロメ』の撮影だと錯覚している。

■ Action!
映画監督の指令の言葉で、「本番」「演技開始」の意。

■ Life, which can...Norma Desmond
which は関係代名詞で、ここでは which ...merciful の文を文の途中に挿入して補足的説明を加えている。直訳すると「人生、それは奇妙にも慈悲深くなりえるものだが、〜」となる。

■ The dream she...so desperately
この部分がこの文の主語となっている。dream の後に関係代名詞 which が省略されている。

NORMA : I just want to tell you all how happy I am to be back in the studio making a picture again. You don't know how much I've missed all of you. And I promise you, I'll never desert you again. Because after "Salome" we'll make another picture and another picture. You see, this is my life. It always will be. There's nothing else. Just us and the cameras and those wonderful people out there in the dark. All right, Mr. DeMille, I'm ready for my close-up.

Norma closes in on the camera.

how happy I am to ⊙

promise 約束する
desert 〜との縁を絶つ
another もうひとつ
It always will be ⊙

those wonderful...dark ⊙

close-up 大写し

close in on 〜にだんだん近づく

フィルム・ノワールについて

　フィルム・ノワール（Film noir）とはフランス語で「黒い映画」という意味であり、虚無的、悲観的な指向性を持つ犯罪映画の総称である。狭義としては、1940年代前半から1950年代後半にかけて、主にアメリカで製作された犯罪映画を指すが、映画のジャンルとしてははっきりと定義付けすることが非常に難しく、論者によって様々な説がある。

　そもそもは1946年にフランスの映画脚本家であり、評論家でもあるニーノ・フランクが、アメリカで第二次世界大戦中に製作された1941年ジョン・ヒューストン監督の『マルタの鷹』や1944年フリッツ・ラング監督の『飾窓の女』などの犯罪映画をフィルム・ノワールと呼んだことが始まりである。フィルム・ノワールの始まりが『マルタの鷹』であるということは多くの論者の間で一致している。

　フィルム・ノワールと呼ばれる映画の特徴は、光と影や色調のコントラストを多用した画となっていることだ。夜の都市に垂れこむ霧、吹き上げる蒸気、点滅するネオンサイン、車のヘッドライト、街路を

ノーマ : 私はただ皆さんに、撮影所に再び戻ってこれた
ことがどれほどうれしいかを伝えたいだけなの。
きっと皆さんはご存知ないわ、私が皆さんに会
えないのをどれほど寂しく思っていたか。約束
します。もう二度と皆さんを見捨てたりしません。
なぜならば『サロメ』以降も、私たちは何
本も映画を作っていくのですから。だって映画
こそ私の人生なの。そして、ほかには何もない
の。私たちと、カメラと、スクリーンの向こうで
暗闇の中にいる素晴らしい人たちだけ。さあ、
デミルさん、クローズアップの準備が整ったわ。

■ how happy I am to
= I am very happy to
「how + 形容詞 + S + V」の感嘆文の表現で「どんなに〜」の意。ここでは「〜してどれほどうれしいか」という意味になる。

■ It always will be
= It always will be my life
「映画は常にわたしの人生そのものでしょう」という意。

■ those wonderful people...the dark
直訳すると「向こうで暗闇の中にいるあのすばらしい人たち」となる。ここではスクリーンの向うで映画を見ている観客を指す。

ノーマがカメラにだんだん大写しになる。

濡らす雨といったものがその陰影を際立たせている。室内では鏡や窓、ブラインドや天井扇、漂うタバコの煙といったものが調整役を果たす。フィルム・ノワール全盛の時代には映画製作にかかるコストの制約もあり、ほとんどがモノクロで製作されているが、それが一層ノワールといわれる所以であろう。多くの場合、映画の登場人物には男を破滅に追いやる悪女が登場し、男は悪女に魅入られ、たいてい破滅してゆく。そんな人間の孤独や堕落を悲観的な世界で表現したものがフィルム・ノワールなのである。

このような世界観のフィルム・ノワールが1940年代以降に続出した背景には、第二次世界大戦や冷戦期の不安定な世相を反映してのことであるとされているが、1950年代後半には、戦後社会の安定とカラー映画の普及により、フィルム・ノワールは急速に廃れていった。しかしながら、悲観的な世界に満ちた光と影を操る独特のスタイルが、その後の映画界に多大な影響を与えたことは間違いないだろう。

鶴田　知嘉香（福岡雙葉中学・高等学校常勤講師）

スクリーンプレイ出版物のご案内（スクリーンプレイ・シリーズ）

アイ・アム・サム

7歳程度の知能しか持たないサムは、娘のルーシーと幸せに暮らしていたが、ある日愛娘を児童福祉局に奪われてしまう。

中級
A5判 199ページ
【978-4-89407-300-5】

哀愁

ウォータール―橋で出会ったマイラとロイ。過酷な運命に翻弄される2人の恋の行方は…。

四六判変形 172ページ
DVD付
1,575円（税込）
【978-4-89407-445-3】

赤毛のアン

アンは、孤児院から老兄妹に引きとられる。美しい自然の中でアンは天性の感受性と想像力で周りの人を魅了していく。

最上級
A5判 132ページ
【978-4-89407-143-8】

アナスタシア

ロマノフ一族の生き残り、アナスタシアが、怪僧ラスプーチンの妨害を乗り越え、運命に立ち向かうファンタジー・アニメーション。

初級
A5判 160ページ
【978-4-89407-220-6】

アバウト・ア・ボーイ

お気楽な38歳の独身男が情緒不安定な母親を持つ12歳の少年に出会い、2人の間にはいつしか奇妙な友情が芽生える。

中級
A5判 160ページ
【978-4-89407-343-2】

雨に唄えば

サイレント映画からトーキー映画への移行期を描いた大ヒットミュージカル映画の傑作！

初級
四六判変形 168ページ
DVD付
1,575円（税込）
【978-4-89407-443-9】

嵐が丘

荒涼とした館「嵐が丘」を舞台にしたヒースクリフとキャシーの愛憎の物語。

中級
四六判変形 168ページ
DVD付
1,575円（税込）
【978-4-89407-455-2】

或る夜の出来事

ニューヨーク行きの夜行バスで出会った大富豪の娘としがない新聞記者の恋の結末は…。

中級
四六判変形 204ページ
DVD付
1,575円（税込）
【978-4-89407-457-6】

イヴの総て

大女優マーゴを献身的に世話するイヴ。その裏には恐ろしい本性が隠されていた。

中級
四六判変形 248ページ
DVD付
1,575円（税込）
【978-4-89407-436-1】

インデペンデンス・デイ

地球に巨大な物体が接近。正体は異星人の空母であることが判明し、人類への猛撃が始まる。人類の史上最大の作戦とは。

中級
A5判 216ページ
【978-4-89407-192-6】

ウエストサイド物語

ニューヨークの下町ウエストサイド。不良たちの縄張り争いの中、出会うマリアとトニー。名曲にのせて送るミュージカル。

上級
A5判 124ページ
【978-4-89407-105-6】

麗しのサブリナ

ララビー家の運転手の娘サブリナ、その御曹司でプレイボーイのデヴィッドと仕事仲間の兄ライナスが繰り広げるロマンス。

初級
A5判 120ページ
【978-4-89407-135-3】

エバー・アフター

王子様を待っているだけなんて耐えられない。そんな強くて、賢く、さらに美しい主人公を描いたシンデレラ・ストーリー。

上級
A5判 156ページ
【978-4-89407-237-4】

エリン・ブロコビッチ

カリフォルニアの実際の公害訴訟で全米史上最高額の和解金を勝ち取ったシングル・マザー、エリンの痛快な成功物語。

上級
A5判 174ページ
【978-4-89407-291-6】

オズの魔法使　改訂版

ドロシーと愛犬トトは竜巻に巻き込まれ、オズの国マンチキンに迷い込んでしまう。時代を超えて愛されるミュージカル映画。

初級
A5判 172ページ
【978-4-89407-427-9】

価格表示のないものは 1,260 円 (税込)

カサブランカ

第2次大戦中、モロッコの港町カサブランカでカフェを営むリックの元に昔の恋人イルザが現れる。時代に翻弄される2人の運命は…。

中級
A5 判 200 ページ
【978-4-89407-419-4】

風と共に去りぬ

南北戦争前後の動乱期を不屈の精神で生き抜いた女性、スカーレット・オハラの半生を描く。

上級
A5 判 272 ページ
1,890 円 (税込)
【978-4-89407-422-4】

クリスティーナの好きなコト

クリスティーナは仕事も遊びもいつも全開。クラブで出会ったピーターに一目惚れする。女同士のはしゃぎまくりラブコメ。

上級
A5 判 157 ページ
【978-4-89407-325-8】

交渉人

映画「交渉人」を題材に、松本道弘氏が英語での交渉術を徹底解説。和英対訳完全セリフ集付き。

上級
A5 判 336 ページ
1,890 円 (税込)
【978-4-89407-302-9】

幸福の条件

自分の妻を100万ドルで一晩貸したがため、信頼していた2人の関係は揺れ、徐々に崩れていく…。

中級
A5 判 168 ページ
【978-4-89407-165-0】

ゴースト ニューヨークの幻

恋人同士のサムとモリーを襲った悲劇。突然のサムの死には裏が。サムはゴーストとなり愛する人を魔の手から守ろうとする。

中級
A5 判 114 ページ
【978-4-89407-109-4】

ゴスフォード・パーク

イギリス郊外のカントリーハウス「ゴスフォード・パーク」。そこで起きた殺人事件により、階級を超えた悲しい過去が明らかに。

上級
A5 判 193 ページ
【978-4-89407-322-7】

サウンド・オブ・ミュージック

尼僧に憧れるマリアは、トラップ家の家庭教師に。7人の子どもたちと大佐の心をほぐし、明るい歌声を一家にもたらす。

初級
A5 判 200 ページ
【978-4-89407-144-5】

サンキュー・スモーキング

タバコ研究アカデミー広報部長のニックは巧みな話術とスマイルで業界のために戦うが、人生最大のピンチが彼を襲う！

上級
四六判変形 168 ページ
【978-4-89407-437-8】

幸せになるための 27 のドレス

花嫁付き添い人として奔走するジェーン。新聞記者のケビンは、取材先で出会った彼女をネタに記事を書こうと画策する。

中級
A5 判 208 ページ
【978-4-89407-423-1】

シェーン

"Shane, Come back!"の名セリフを知らない人はいないはず！西部劇の名作中の名作！

四六判変形 164 ページ
DVD 付
1,575 円 (税込)
【978-4-89407-458-3】

シャレード

パリを舞台に、夫の遺産を巡って繰り広げられるロマンチックなサスペンス。

中級
四六判変形 228 ページ
DVD 付
1,575 円 (税込)
【978-4-89407-430-9】

17 歳のカルテ

"境界性人格障害"と診断されたスザンナは、精神科に入院することに。そこで出会った風変わりな女性たちとの青春物語。

中級
A5 判 179 ページ
【978-4-89407-327-2】

JUNO / ジュノ

ミネソタ州在住の16歳の女子高生ジュノは、同級生のポーリーと興味本位で一度だけしたセックスで妊娠してしまう。

上級
A5 判 156 ページ
【978-4-89407-420-0】

シンデレラマン

貧困の中、家族の幸せを願い、命を懸けて戦い抜いた男の半生を描く。実在のボクサー、ジム・ブラドックの奇跡の実話。

中級
A5 判 208 ページ
【978-4-89407-381-4】

※ 2011 年 2 月現在

スクリーンプレイ出版物のご案内（スクリーンプレイ・シリーズ）

スチュアート・リトル

リトル家に養子に来たのは何としゃべるネズミ。兄のジョージや猫のスノーベルらと冒険活劇を繰り広げる。

初級

A5判256ページ
1,890円(税込)
【978-4-89407-244-2】

スーパーサイズ・ミー

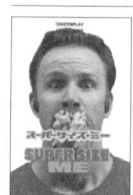

1日3食、1か月間ファーストフードを食べ続けるとどうなる？ 最高で最悪な人体実験に挑むドキュメンタリー映画。

上級

A5版192ページ
【978-4-89407-377-7】

スラムドッグ$ミリオネア

インドのスラム出身のジャマールは「クイズ$ミリオネア」に出場し最終問題まで進む。オスカー作品賞に輝く感動作。

上級

A5判168ページ
【978-4-89407-428-6】

第三の男

誰もが耳にしたことがあるチターの名曲とともに、事件の幕があがる…。

中級

四六判変形188ページ
DVD付
1,575円(税込)
【978-4-89407-460-6】

ダイ・ハード

妻の勤めるLAの日本商社がテロリストに占拠された。NYの刑事マクレーンは妻と人質救出のため決死の戦いに挑む。

中級

A5判120ページ
【978-4-89407-075-2】

ダイ・ハード 4.0

全米のインフラ管理システムがハッキングされた。マクレーン警部補は史上最悪のサイバーテロに巻き込まれていく…。

上級

A5判176ページ
【978-4-89407-417-0】

ダークナイト

新生バットマン・シリーズ第2作。最凶の犯罪者ジョーカーとバットマンの終わりなき戦いが今始まる…。

中級

四六判変形252ページ
【978-4-89407-451-4】

チャーリーズ・エンジェル

謎の億万長者チャーリーが率いる、3人の美人私立探偵エンジェルズが披露する、抱腹絶倒の痛快アクション。

中級

A5判144ページ
【978-4-89407-264-0】

ドリーム キャッチャー

幼なじみのヘンリー、ジョーンジー、ピート、ビーヴァ。ある日山で遭難した男性を助けたことから、異生物との対決に巻き込まれる。

上級

A5判173ページ
【978-4-89407-346-3】

ナイアガラ

ローズは、浮気相手と共謀し夫を事故に見せかけ殺害しようと企むが…。

中級

四六判変形136ページ
DVD付
1,575円(税込)
【978-4-89407-433-0】

ナイト ミュージアム

何をやっても長続きしないダメ男ラリーが斡旋されたのは博物館の夜警の仕事。だがその博物館には秘密が隠されていた。

初級

A5判176ページ
【978-4-89407-415-6】

バック・トゥ・ザ・フューチャー

高校生のマーティは30年前にタイムスリップし、若き日の両親のキューピットに。息もつかせぬ不滅の人気SFストーリー。

初級

A5判184ページ
【978-4-89407-195-7】

ハート・ロッカー

イラク・バグダッドで活動しているアメリカ軍爆発物処理班の姿を描く。オスカー作品賞、監督賞に輝いた衝撃作！

中級

四六判変形188ページ
【978-4-89407-453-8】

評決

法廷は弱者にチャンスを与えるものという信念を胸に、権力を利用する相手に立ち向かう弁護士フランク。正義はどこに…。

上級

A5判122ページ
【978-4-89407-012-7】

ザ・ファーム 法律事務所

ミッチはハーバード法律学校を首席で卒業、ある法律事務所から破格の待遇で採用を受けるが、陰謀劇に巻き込まれる。

上級

A5判216ページ
【978-4-89407-169-8】

価格表示のないものは 1,260 円(税込)

フィールド・オブ・ドリームス
アイオワ州で農業を営むレイは、ある日、天の声を聞く。以来、彼はえも言われぬ不思議な力に導かれていくのであった。

中級
A5 判 96 ページ
【978-4-89407-082-0】

プラダを着た悪魔
ジャーナリスト志望のアンディが就いた仕事は、一流ファッション誌のカリスマ編集長ミランダのアシスタントだった…。

中級
A5 判 160 ページ
【978-4-89407-413-2】

ミッション・インポッシブル
不可能な任務にするスパイ集団IMF。人気 TV ドラマ「スパイ大作戦」をベースにした傑作サスペンス・アクション。

中級
A5 判 164 ページ
【978-4-89407-148-3】

ミルク
アメリカで初めてゲイと公表し、公職についた男性ハーヴィー・ミルク。だが、その翌年最大の悲劇が彼を襲う…。

中級
四六判変形 192 ページ
【978-4-89407-435-4】

メイド・イン・マンハッタン
マンハッタンのホテルで客室係として働くマリサ。ある日次期大統領候補のクリスが宿泊に来たことでラブストーリーが始まる。

中級
A5 判 168 ページ
【978-4-89407-338-8】

モナリザ・スマイル
1953 年のアメリカ。美術教師のキャサリンが保守的な社会に挑戦し、生徒らに新しい時代の女性の生き方を問いかける。

中級
A5 判 200 ページ
【978-4-89407-362-3】

欲望という名の電車
50 年代初頭のニューオリンズを舞台に「性と暴力」「精神的な病」をテーマとした作品。

上級
四六判変形 228 ページ
DVD 付
1,575 円 (税込)
【978-4-89407-459-0】

リトル・ミス・サンシャイン
フーヴァー家は、美少女コンテスト出場のため、おんぼろのミニバスでニューメキシコからカリフォルニアまで旅をする。

中級
A5 判 184 ページ
【978-4-89407-425-5】

レイン マン
チャーリーは父の遺産 300 万ドルを目当てに帰郷したとき、初めて自閉症の兄レイモンドの存在を知る。

最上級
A5 判 140 ページ
【978-4-89407-041-7】

ローマの休日
ヨーロッパ某国の王女アンは、過密スケジュールに嫌気がさし、ローマ市街に抜け出す。A・ヘプバーン主演の名作。

中級
A5 判 172 ページ
【978-4-89407-461-5】

若草物語
19 世紀半ばのアメリカ。貧しいながら幸せに暮らすマーチ家の四姉妹の成長を描く。

四六判変形 224 ページ
DVD 付
1,575 円 (税込)
【978-4-89407-434-7】

ワーキング・ガール
NY の証券会社に勤めるOLテスと、上司のエグゼクティブ・キャサリンの仕事と恋をめぐる戦いを描いたコメディー。

中級
A5 判 104 ページ
【978-4-89407-081-3】

ゴースト ～天国からのささやき スピリチュアルガイド
全米を感動の渦に巻き込んでいるスピリチュアルドラマの公式ガイドブック。シーズン 1 からシーズン 3 までのエピソード内容を完全収録し、キャストやモデルとなった霊能力者へのインタビュー、製作の舞台裏、超常現象解説などを掲載したファン必読の一冊。

B5 判変形 178 ページ
2,940 円 (税込)
【978-4-89407-444-6】

グラディエーター
第 73 回アカデミー作品賞受賞作『グラディエーター』のメイキング写真集。200 点以上の写真や絵コンテ、ラフ・スケッチ、コスチューム・スケッチ、セットの設計図、デジタル画像などのビジュアル素材に加え、製作陣への膨大なインタビューを掲載。

A4 判変形 160 ページ
2,940 円 (税込)
【978-4-89407-254-1】

※ 2011 年 2 月現在

スクリーンプレイ出版物のご案内（その他出版物）

スクリーンプレイで学ぶ 映画英語シャドーイング

英語の音を徹底的に脳に覚えさせる学習法「シャドーイング」。映画のセリフを楽しく学習できます。

岡崎 弘信 著
A5判 216ページ
CD-ROM付
1,890円（税込）
【978-4-89407-411-8】

音読したい、映画の英語

声に出して読みたい映画の名セリフを、50の映画から厳選してピックアップ。

映画英語教育学会/関西支部 著
藤江 善之 監修
B6判 224ページ
1,260円（税込）
【978-4-89407-375-3】

武士道と英語道

テストのスコアアップだけではない、いわば効果性に強い英語のすべてを、武士道を通して解説。

松本 道弘 著
四六判変形 208ページ
「サムライの秘密」DVD付
3,990円（税込）
【978-4-89407-379-1】

映画の中のマザーグース

176本の映画に見つけた、86編のマザーグース。英米人の心のふるさとを、映画の中に訪ねてみました。

鳥山 淳子 著
A5判 258ページ
1,365円（税込）
【978-4-89407-142-1】

もっと知りたいマザーグース

『映画の中のマザーグース』に続く第2作。映画だけでなく文学、ポップス、漫画とジャンルを広げての紹介。

鳥山 淳子 著
A5判 280ページ
1,260円（税込）
【978-4-89407-321-0】

映画でひもとく風と共に去りぬ

『風と共に去りぬ』のすべてがわかる「読む映画本」。世界中が感動した名セリフを英語と和訳で解説。裏話も紹介。

大井 龍 著
A5判 184ページ
1,260円（税込）
【978-4-89407-358-6】

映画の中の星条旗

アメリカの現代社会について100のテーマを選びそれについて関係の深い映画の場面を紹介・解説しています。

八尋 春海 編著
A5判 240ページ
1,575円（税込）
【978-4-89407-399-9】

映画で学ぶ アメリカ文化

文化というとらえがたいものでも、映画を観ながらなら楽しんで学ぶことができます。アメリカ文化を解説した1冊。

八尋 春海 編著
A5判 264ページ
1,575円（税込）
【978-4-89407-219-0】

アメリカ映画解体新書

もう一度聴きたいあのセリフ、もう一度逢いたいあのキャラクターに学ぶ、人間・文化＆口語表現。

一色 真由美 著
A5判 272ページ
1,575円（税込）
【978-4-89407-167-4】

イギリスを語る映画

イギリスを舞台にした30本の映画を取り上げ、スクリーンに何気なく映し出される光景から感じられる文化や歴史を解説。

三谷 康之 著
B6判 172ページ
1,575円（税込）
【978-4-89407-241-1】

映画（シナリオ）の書き方

いいシナリオには秘密があります。アカデミー賞受賞映画を分析し、優れた映画シナリオの書き方をお教えします。

新田 晴彦 著
A5判 304ページ
1,365円（税込）
【978-4-89407-140-7】

スクリーンプレイ学習法

映画のセリフは日常で使われる生きた英語ばかり。本書では、映画シナリオを使った英会話学習法を全面解説。

新田 晴彦 著
A5判 212ページ
1,835円（税込）
【978-4-89407-001-1】

今どこにある危機

憲法改正、日米関係、イラク問題…今日本が直面している問題にナットクの解説！さらに素朴な疑問にも答えるQ&Aも。

舛添 要一 著
四六判変形 192ページ
840円（税込）
【978-4-89407-361-6】

映画で学ぶアメリカ大統領

国際政治学者である筆者が、11本もの大統領映画を通じてアメリカの大統領制や政治、社会の仕組みを解説します。

舛添 要一 著
B6判変形 272ページ
1,000円（税込）
【978-4-89407-248-0】

映画を英語で楽しむための7つ道具

40本の映画をコンピューターで分析。Give、Getなど、7つの単語で英語のほとんどを理解・運用することができます。

吉成 雄一郎 著
B6判 208ページ
1,260円（税込）
【978-4-89407-163-6】

使える！英単語

『ダイハード』をドキドキ楽しみながら、英単語を身につけよう。単語帳では覚えられなかった単語もバッチリ定着。

山口 重彦 著
A5 判 200 ページ
1,325 円（税込）
【978-4-89407-128-5】

映画で学ぶ英語熟語 150

重要英語表現 150 項目が、おもしろいほどよくわかる！ ロッキー・シリーズで覚える、全く新しい英語熟語攻略法。

山口 重彦 著
A5 判 148 ページ
1,835 円（税込）
【978-4-89407-013-4】

海外旅行の必修英会話 120

映画だからできる海外旅行疑似体験。そこで交わされる会話をマスターすれば、もう海外旅行も恐くない。

萩原 一郎 著
B6 判 248 ページ
1,325 円（税込）
【978-4-89407-010-3】

映画で学ぶ中学英文法

本書は「スターウォーズ」シリーズ（エピソード4～6）から100シーンを選び、それぞれの中学重要英文法を詳しく解説。

内村 修 著
A5 判 222 ページ
1,835 円（税込）
【978-4-89407-006-6】

中学生のためのイディオム学習

中学3年間でマスターしておきたい重要イディオム171項目を映画からの実例と合わせ、詳しく解説しました。

山上 登美子 著
B6 判 217 ページ
1,325 円（税込）
【978-4-89407-011-0】

高校生のためのイディオム学習

教科書だけではピンとこなかったイディオムも、映画で確認すれば、よくわかる！ 頻出イディオムなんて恐くない？

山上 登美子 著
B6 判 209 ページ
1,325 円（税込）
【978-4-89407-017-2】

ビジネスマンの英会話

ビジネスにおける様々な状況の映画の中から選び、日本人が積極的に使いこなしたい表現を集めました。

木村 哲也 編著
B6 判 196 ページ
999 円（税込）
【978-4-89407-090-5】

映画英語教育のすすめ

英会話オーラル・コミュニケーション教育に「映画」を利用することが注目されています。全国の英語教師必読の書。

スクリーンプレイ編集部 著
B6 判 218 ページ
1,325 円（税込）
【978-4-89407-111-7】

結婚・家庭・夫婦の会話

夫婦や家族間の会話を中心に取り上げ、皮肉やジョークなど多種多様な表現を盛り込みました。

新田 晴彦 著
B6 判 266 ページ
999 円（税込）
【978-4-89407-078-2】

これでナットク！ 前置詞・副詞

日本人にはなかなか理解しづらい前置詞・副詞を、映画での用例を参考に、図解を用いてわかりやすく解説。

福田 稔 著
B6 判 180 ページ
1,325 円（税込）
【978-4-89407-108-7】

フリーズの本

聞き取れないと危険な言葉、ぜひ覚えておきたい表現を、アメリカ英語から集めた1冊。

木村 哲也
山田 均 共著
B6 判 184 ページ
999 円（税込）
【978-4-89407-073-8】

アメリカ留学これだけ覚えれば安心だ

「フリーズの本」の続編知らないと危険な単語や表現、アメリカで安全に生活するための情報を満載。

新田 晴彦 著
B6 判 236 ページ
1,325 円（税込）
【978-4-89407-104-9】

中国を制す自動車メーカーが世界を制す

年間販売1,000万台を超過した中国自動車市場。日本自動車産業に勝算はあるか？ 中国モータリゼーションの解説書。

周 政毅 監修
A5 判 320 ページ
1,260 円（税込）
【978-4-89407-442-2】

プリウス or インサイト

国産エコカーの両雄がガチンコ勝負の真っ最中！ 迷っている人のために 60 日間乗り比べ、完全比較。

福田 将宏 監修
B6 判 300 ページ
998 円（税込）
【978-4-89407-438-5】

ビッグスリー崩壊

世界自動車産業を30年にわたって調査研究してきた著者が、そもそもの震源地で、いったい何が起こっているのかを、解明。

久保 鉄男 著
A5 判 304 ページ
1,890 円（税込）
【978-4-89407-429-3】

※ 2011 年 2 月現在

クラシック・スクリーンプレイ（CLASSIC SCREENPLAY）について
　クラシック・スクリーンプレイは著作権法による著作権保有者の保護期間が経過して、いわゆるパブリック・ドメイン（社会全体の公共財産の状態）になった映画の中から、名作映画を選んでスクリーンプレイ・シリーズの一部として採用したものです。

名作映画完全セリフ集
スクリーンプレイ・シリーズ 153
サンセット大通り

2011年2月28日初版第1刷

監　　　修：八尋春海
翻訳・解説：秋好礼子／小林明子／篠原一英
　　　　　　高瀬文広／鶴田知嘉香／鶴田里美香
　　　　　　新山美紀／宮本朋子／八尋春海
　　　　　　山崎祐一／與古光宏／吉村圭
前文・コラム：高瀬文広／與古光宏／秋好礼子
　　　　　　篠原一英／山崎祐一／小林明子
　　　　　　鶴田知嘉香
英文構成：Mark Hill／スクリーンプレイ事業部
編　集　者：岸本和馬
発　行　者：鈴木雅夫
発　売　元：株式会社フォーイン　スクリーンプレイ事業部
　　　　　　〒464-0025　名古屋市千種区桜が丘292
　　　　　　TEL：(052) 789-1255　FAX：(052) 789-1254
　　　　　　振替：00860-3-99759
印刷・製本：株式会社チューエツ

定価はカバーに表示してあります。
無断で複写、転載することを禁じます。
乱丁、落丁本はお取り替えいたします。

Printed in Japan
ISBN978-4-89407-461-3

付属 DVD について

〈再生上のご注意〉
■ DVD ビデオは映像と音声を高密度に記録したディスクです。DVD ビデオ対応のプレーヤーで再生してください。詳しくは、ご使用になるプレーヤーの取扱説明書をご覧ください。
■ メイン・メニュー画面で「チャプター」を選択すれば、チャプター・メニュー画面が表示され、特定のチャプターを再生することができます。

〈取扱い上のご注意〉
■ ディスクは、両面共に指紋、汚れ、キズなどをつけないように取り扱ってください。
■ ディスクが汚れたときは、メガネふきのような柔らかい布で内周から外周に向かって放射状に軽くふき取ってください。レコード・クリーナーや溶剤などは使用しないでください。
■ ディスクは両面共に、鉛筆、ボールペン、油性ペンなどで文字や絵を書いたり、シールなどを貼ったりしないでください。
■ ひび割れや変形、または接着剤などで補修したディスクは、危険ですから絶対に使用しないでください。

〈保管上のご注意〉
■ ご使用後は必ずディスクをプレーヤーから取り出し、直射日光の当たる所や高温・多湿の場所を避けて保管してください。

〈おことわり〉
■ クラシック作品のため、一部映像・音声の乱れ、ノイズがあることがあります。あらかじめご了承ください。
■ この DVD ビデオは日本国内における一般家庭での私的視聴に用途を限定しています。したがって、この DVD ビデオの一部または全部を無断でレンタル、販売、複製、改変、放送、インターネットによる公衆送信、上映等の行為を行うことは法律によって一切禁止されています。

SPC-13	110 min	片面1層	モノクロ	MPEG-2	複製不可
DVD VIDEO	4:3 スタンダードサイズ		NTSC 日本市場向	DOLBY DIGITAL	